Les Petites Hontes

DU MÊME AUTEUR

Oméga-3, Ramsay, 1995.

Les nouveaux risques alimentaires, Ramsay, 1997 ; J'ai Lu, 1999.

Libre de maigrir, Ramsay, 1998.

La cuisine à vivre, avec Michel Guérard, Éditions n° 1, 2000.

Le bon usage des vitamines, Éditions n° 1, 2001.

On s'en lave les mains – tout connaître des nouvelles règles de l'hygiène, Flammarion, 2007 ; J'ai Lu, 2008.

Le Grand Ménage – éliminez tout ce qui pèse sur votre vie et votre santé, Flammarion, 2008.

Docteur Frédéric Saldmann

Les Petites Hontes

Flammarion

ISBN : 978-2-0812-1489-7

À Léonie

« Honte d'être soi, honte de ne pas être comme les autres et, au bout de cela, honte d'être comme les autres... »

Françoise Sagan

Prologue
Le secret des personnes qui rougissent

Un jour, est venue en consultation une patiente qui, sans le savoir, fut en partie à l'origine de ce livre.

Quand je lui ai demandé ce qui l'amenait dans mon cabinet, elle a marqué un silence gêné avant de me répondre, fixant le bout de ses chaussures d'un regard triste. Après un long moment, elle m'a regardé droit dans les yeux et dit :

— Docteur, le problème c'est que je rougis tout le temps et pour un rien. Ça empoisonne ma vie.

En la voyant devenir écarlate, je me suis à mon tour senti mal à l'aise.

— Poursuivez, je vous en prie.

— Je suis professeur de Lettres pour des premières au lycée. Et chaque fois que je prends la parole devant la classe, je sens mes joues en feu, mes oreilles cramoisies. Je vois mes élèves sourire ou ricaner et ça ne fait qu'aggraver les choses. J'ai beau tenter de contrôler la situation, plus j'essaye, plus je rougis. Résultat, je me réfugie dans des interrogations écrites et donne mes cours le nez plongé dans des notes. Je ne peux pas rester comme ça, aidez-moi docteur, ou je vais finir par rester cloîtrée à mon domicile.

Devant l'ampleur de son mal, j'ai fini par la faire opérer pour qu'elle n'ait plus de fards aussi handicapants.

Rougir dépend de deux systèmes nerveux autonomes qui s'équilibrent en permanence : les systèmes sympathique et parasympathique. Quand quelqu'un rougit trop facilement, cela traduit une hyperactivité du premier. Qui entraîne l'ouverture fréquente et forte des shunts physiologiques existants entre artérioles et veinules de la face et du tronc. D'où un afflux de sang qui donne une sensation de chaleur du visage et une peau rougissante.

Lorsqu'un patient vient consulter parce qu'il rougit trop souvent, il faut d'abord vérifier si une maladie n'en est pas responsable. Systématiquement, on recherche un fonctionnement excessif de la thyroïde (hyperthyroïdie) ou une tumeur des glandes surrénales (le phéochromocytome), laquelle provoque en outre des sécrétions d'adrénaline avec poussées d'hypertension artérielle.

Chez les sujets asiatiques, il faut s'assurer en

outre que les rougeurs du visage ne sont pas en relation avec la prise d'alcool dans la mesure où, dans ce cas, elles peuvent être liées à un déficit enzymatique. Les rougeurs peuvent aussi provenir de l'absorption de certains médicaments (disulfirame...).

Dans le cas où aucun de ces diagnostics n'est confirmé, une autre option surgit : l'éreutophobie, maladie étrange qui signifie « la peur de rougir ».

Une simple gêne pour certains mais un véritable handicap pour d'autres. Ainsi la peur de prendre la parole en public paralyserait nombre d'entre nous. Les solutions peuvent être simples – comme l'utilisation du maquillage pour les femmes (le vert est un bon correcteur) – ou plus scientifiques, comme des traitements à base d'antidépresseurs ou de bêtabloqueurs (stoppant les effets de l'adrénaline), médicaments globalement efficaces mais nantis d'effets secondaires.

En cas d'échec, on peut recourir à la chirurgie. L'opération consiste à sectionner dans le thorax les rameaux des nerfs sympathiques de la face. Cette intervention, baptisée sympathectomie thoracique haute, a des effets secondaires fréquents, comme une transpiration de la partie inférieure du corps beaucoup plus importante.

Mais, au fond, à cause de quoi rougit-on ?

Bien sûr, il existe des circonstances favorisantes comme la prise d'alcool, la chaleur excessive d'une pièce, mais pourquoi pique-t-on plus volontiers un fard en public ? Parce que rougir, c'est envoyer malgré soi un signal à l'autre qui ne laisse pas indifférent. Un signal qui traduit un trouble, une émotion que l'on n'arrive pas à maîtriser. En somme, la perte de contrôle signe la vulnérabilité.

Il suffit de penser au règne animal pour comprendre les ambivalences qui peuvent survenir. Certaines espèces, pendant la période de reproduction, changent en effet de couleur pour attirer le partenaire. Comme le Pelmato, poisson des rivières d'Afrique qui, au moment de la parade amoureuse, voit son abdomen devenir rouge en quelques secondes...

En rougissant, on peut donc – sans le vouloir – expédier des messages qui plongent ensuite dans l'embarras.

En outre, les victimes de ce désagrément ont tendance à surestimer leur rougeur, tant il existe un décalage entre la sensation de chaleur au visage et sa réalité. Or le fait de penser que l'on est rouge fait rougir plus encore. La solution revient donc à accepter ses émotions, à songer que l'essentiel est ce que l'on dit et non sa teinte de peau faciale.

Prologue

L'étude de cette curieuse maladie qu'est l'éreutophobie m'a incité à partir à la découverte d'un continent grandement inexploré : nos petites hontes.

Lesquelles sont partout. Elles nous assaillent dès l'enfance, puis se nourrissent de nos gaffes et de nos mini-mensonges. Elles nous surprennent aussi bien au coin de la rue que dans les dîners huppés. Elles ne durent parfois qu'un instant mais peuvent nous marquer à jamais. En tout cas, elles révèlent plus de choses sur nous-mêmes que nous ne pourrions le penser.

Au fil de cet ouvrage, à travers les aventures qui me sont arrivées ou que l'on m'a rapportées [1], il est probable que vous reconnaîtrez des situations semblables à celles que vous avez déjà pu vivre. Tant mieux. Peut-être même allez-vous en sourire. Ce qui serait déjà un bon signe, les petites hontes générant tellement de stress caché et de rouge qui brûle les joues que les mettre en pleine lumière aidera à les faire disparaître. Histoire de parvenir à rougir moins souvent ou, cette fois, à rougir de plaisir.

---

1. Les noms et prénoms mentionnés dans cet ouvrage ont bien évidemment été modifiés et ne font jamais référence à des personnes réelles.

PREMIÈRE PARTIE

Dès le plus jeune âge

« C'est peut-être l'enfance qui approche le plus de la vraie vie. »

André Breton

L'enfance est une période d'une extraordinaire densité. Chaque jour, le corps grandit, devient plus fort, découvre de nouvelles possibilités ; l'intelligence et la personnalité ne cessent de s'affirmer au contact des autres et du monde. Cette richesse de tous les instants provoque souvent la nostalgie des adultes qui se remémorent tel gâteau au chocolat de leur grand-mère, telle soirée de Noël particulièrement féerique ou tel premier tour en poney. Des moments entourés d'une forme de magie bien difficile à retrouver par la suite.

Pour autant, cette phase d'apprentissage comporte aussi son lot de désillusions, frustrations, colères et moments difficiles. Parmi eux, les situations de gêne, d'embarras ou de honte occupent une place importante. Certaines sont oubliées aussitôt après avoir été vécues, mais d'autres s'ancrent profondément dans notre histoire personnelle et nous marquent parfois à vie, devenant une composante à part entière de notre identité.

Cela se poursuit à l'adolescence, moment de

l'affirmation de soi comme de transformations physiques plus ou moins harmonieuses et de « premières fois » pas toujours évidentes à vivre. Là encore, les occasions de voir son amour-propre mis à mal ne manquent pas, d'autant que les ados n'hésitent jamais à se moquer les uns des autres, parfois avec une cruauté féroce.

Ainsi, la honte nous guette-t-elle dès le plus jeune âge : elle constitue certes un passage obligé de l'enfance et de l'adolescence et peut contribuer à nous rendre plus solides, plus sûrs de nous, mais sous réserve de parvenir à la surmonter. Un exercice qui ne se révèle pas forcément simple...

Dis bonjour au monsieur

Je n'avais pas revu Philippe depuis des années. Notre amitié datait de la fac et s'était nourrie de bons moments innombrables, entre les amphis survoltés de première année, les fêtes improvisées, les examens à préparer... mais, ensuite, nous nous étions perdus de vue. Contrairement à d'autres étudiants, nous n'avions ni l'un ni l'autre le goût des réunions d'anciens combattants, où l'on se rend visite comme à des monuments historiques afin d'évoquer les dernières vacances, les joies et les peines de l'exercice médical ou les aménagements de la nouvelle résidence secondaire.

Chacun avait donc continué son chemin de son côté, jusqu'à ce que le hasard nous fasse nous croiser un samedi après-midi à la sortie d'un grand magasin parisien. Philippe avait un peu grossi, ses traits épaissis lui donnaient un air presque banal qui contrastait avec le souvenir que j'avais de lui. Malgré tout, je le reconnus tout de suite et le saluai, ainsi que sa femme et sa fille. Jolie comme un cœur, elle devait avoir six ans et restait timidement derrière sa mère.

— Votre fille est adorable, félicitations ! Quel âge a-t-elle ? demandai-je.

— Cinq ans et demi, répondit sa mère. Dis bonjour au monsieur, ajouta-t-elle en se tournant vers sa fille.

La petite ne répondit pas. Elle leva les yeux vers moi quelques instants, puis se détourna vivement en se serrant contre sa mère. Celle-ci se crispa et insista :

— Allez, sois gentille, dis bonjour au monsieur et va lui faire un bisou.

La gamine se cacha encore un peu plus derrière sa maman, ne tenant visiblement pas à saluer un inconnu. Un peu gêné et n'ayant aucune envie que la scène ne dégénère en dispute familiale, je tentai de dévier la conversation.

— Cela n'a aucune importance, beaucoup d'enfants sont timides. Alors, comment se passe la...

— Non, non, attendez, coupa la mère. Tu dois apprendre à dire bonjour, fit-elle à la fillette, c'est une question de politesse. Alors tu vas tout de suite faire un bisou au monsieur ou je vais me fâcher très fort.

Comprenant qu'elle n'y couperait pas, la fillette s'approcha de moi la mort dans l'âme, articula un bonjour à peine audible et m'embrassa la joue comme si elle goûtait un gâteau pas frais. Sur le coup, je me demandai si je sentais mauvais, si j'étais mal coiffé ou mal rasé au point d'effrayer une petite fille.

Mais quelque temps après, en repensant à cette scène, je me souvins de la torture que représentait pour moi l'obligation d'embrasser les personnes âgées lorsque j'étais enfant. Je détestais la peau flétrie de leurs joues retomblant flasque sur leur visage. Bien qu'étant encore loin du troisième âge, j'appartenais sans doute déjà à cette catégorie aux yeux d'une enfant de cinq ans et demi. Et je pouvais sans peine comprendre sa réticence à « dire bonjour au monsieur »...

Le canard au sang

Dans une famille, il existe souvent un personnage haut en couleur ou original qui fait parler de lui. La famille de ma mère n'échappait pas à la règle : la cousine Doris s'y faisait particulièrement remarquer. Elle habitait rue d'Aumale, dans le IXe arrondissement, et représentait ce que mes parents et moi connaissions de plus mondain, de plus parisien. Elle téléphonait régulièrement à ma mère pour lui raconter ses folles soirées, évoquer les dernières tendances de la mode et colporter divers potins sur des gens qu'elle côtoyait, parmi lesquels figuraient certaines célébrités habituées des pages people. Toujours au courant de tout, possédant un nombre incalculable de tenues, elle semblait vivre chaque minute intensément. La cerise sur le gâteau était ses dîners à *La Tour d'Argent*, qu'elle aimait par-dessus tout narrer – par le menu... – à maman.

— Tu te rends compte, lui disait-elle, ils te servent un canard au sang numéroté. Ils l'apportent en plusieurs fois avec des préparations différentes, chaque sauce étant faite avec le sang de l'animal. Et, à la fin, ils te donnent une carte bristol avec le numéro du canard pour montrer à quel point la recette est unique et préparée spécialement pour toi. D'ailleurs, il y avait Greta Garbo à la table voisine l'autre soir, elle n'en revenait pas !

Ma mère, plus fascinée par l'existence de Doris qu'elle ne l'aurait voulu, ne pouvait s'empêcher de nous répéter, émerveillée, l'histoire du canard. Pour elle, Doris vivait en quelque sorte une vie de princesse, à mille lieues de notre quotidien provincial tranquille. Lorsque nous parlions de sa cousine, l'épilogue de la conversation était d'ailleurs toujours le même : « Quand je pense que le canard coûte aussi cher qu'un manteau ! »

Régulièrement, Doris nous invitait à venir déjeuner chez elle un dimanche midi. Elle n'hésitait pas à nous appeler plusieurs mois à l'avance afin de retenir une date. Ma mère appréciait particulièrement ces déjeuners. Elle avait pour principe de ne jamais répondre à une invitation qui oubliait ses enfants.

— Tu te rends compte, s'exclamait-elle parfois, ils ne veulent que des couples !

Ce sens perpétuel du sacrifice me mettait assez mal à l'aise, car j'étais gêné de faire manquer à mes parents tant de soirées. Dès lors, quand j'étais invité, j'éprouvais la désagréable sensation de ne pas être à ma place parmi les adultes, persuadé que ma présence tenait uniquement au fait que les hôtes avaient souhaité faire plaisir à mes parents. Au final, j'avais plus l'impression d'être un colis encombrant qu'autre chose. Je souriais tout le temps en essayant de me fondre dans le décor et de ne pas gêner. Si bien que lorsque nous étions conviés chez Doris, j'arrivais avec le même état d'esprit.

Un dimanche, elle nous avait invités en même temps que d'autres cousins plus âgés. Ils portaient des tenues décontractées – polo et jean – et s'exprimaient avec beaucoup d'assurance, tandis que je les écoutais en silence, un peu engoncé dans mon complet-veston bleu avec nœud papillon assorti. Je terminais ma part de galantine lorsqu'un silence inattendu se fit dans la conversation. Cela ne dura qu'un instant, car Doris se tourna soudainement vers moi :

— Mais qu'est-ce qu'il a, ce petit garçon ? s'exclama-t-elle. Il ne dit rien. Ce qu'il est timide !

Je rougis immédiatement, avalant précipitamment ma bouchée de galantine tout en cherchant quoi dire, paniqué. Je commençai à bafouiller quelque chose sur la qualité du repas, mais, sans attendre la fin de ma réponse, Doris se pencha vers le cousin assis à côté d'elle pour lui murmurer quelque chose – sans doute une remarque sur ma niaiserie. Ensuite, elle demanda à ma mère ce qu'elle pensait de la dernière pièce de Sacha Guitry, sachant très bien qu'elle ne l'avait pas vue.

LES JOLIES COLONIES DE VACANCES

Pour les parents comme pour les enfants, le premier départ en colonie a toujours un côté anxiogène. Les adultes se demandent si tout va bien se passer, si leur bout de chou va réussir à se débrouiller seul, ne va manquer de rien, etc. Les enfants espèrent, eux, qu'ils vont parvenir à s'intégrer, à ne pas passer pour des gamins à peine sortis des jupes de leur mère et à se faire de nouveaux amis.

J'avais treize ans lorsque je partis en colonie de vacances pour la première fois. J'allais à Massa, en Italie, et ma mère avait préparé tout ce qu'il fallait pour le long voyage. Bien sûr, j'avais eu droit à un flot de recommandations qui, à un âge où l'on commence à vouloir s'émanciper, m'avaient semblé inutilement détaillées. « Fais pas ci, fais pas ça... », aurait chanté Dutronc pour résumer ces conseils.

Le jour J, je tâchai d'abréger les adieux avec mes parents afin de ne pas passer pour un niais incapable de quitter dignement les siens et entrai dans un compartiment au hasard, saluant d'un geste les garçons et filles déjà installés. Le train se mit bientôt en route, tout comme les conversations, chacun essayant de faire connaissance.

— T'habites où ? T'as quel âge ? Tu aimes les Beatles ?

Plusieurs heures passèrent ainsi. Au bout d'un moment, je vis que l'un des garçons, Gérard, qui avait le nez gras et de grosses lunettes, me dévisageait :

— Ça sent une drôle d'odeur, non ? On dirait du gâteau, dit-il en posant les yeux sur mon sac à dos.

En un éclair, je me souvins du goûter que maman avait préparé afin que je ne manque de rien. Je les regardai tous, l'air évasif :

— C'est dans mon sac je crois, je dois avoir des trucs à manger...

Je sortis alors une grande boîte en plastique pleine de bonnes choses amoureusement préparées : trois parts de cake emballées dans du papier aluminium, deux pots de crème au chocolat faite maison et du jus d'orange fraîchement pressé dans une petite bouteille fermée par un bouchon de liège retaillé soigneusement.

À déballer tout ça, je faisais très bébé. Je sentais que tout le monde me regardait, ce qui me mettait encore plus mal à l'aise. Dans cette situation, je n'avais bien sûr d'autre choix que de partager, mais cela me donnait la désagréable impression, en les livrant aux autres, de trahir les petites attentions que ma mère me portait. J'étais doublement gêné, car d'un côté je me comportais comme un traître, de l'autre je passais pour un gamin incapable de survivre sans le « goûter-à-sa-maman ».

Pourtant, je n'étais pas au bout de mes épreuves. Je tendis une part de cake à Gérard, qui la déballa. Mon sang se glaça lorsque je vis qu'il en extrayait un petit mot :

— « Passe de bonnes vacances mon chéri », lut-il à voix haute.

L'une des filles pouffa, entraînant les autres avec elles. Gérard me tendit le mot sans rien ajouter, jugeant sans doute que j'étais assez humilié comme ça. Durant toute la colonie, il me surnomma sans cesse... « mon chéri ».

Le carnet de notes

Lorsque j'étais écolier, je redoutais le moment où mes parents recevaient mon carnet de notes. Il s'agissait même d'un véritable supplice, non parce que je travaillais mal – mes résultats s'affichaient plutôt bons –, mais à cause des commentaires écrits par les professeurs. Je ne supportais pas d'être résumé en quelques mots dans la colonne de droite, à coups de « peut mieux faire », « bon élève docile et appliqué » et autres « efforts à poursuivre ».

Avec le recul, je suppose qu'écrire un commentaire pertinent chaque trimestre sur une trentaine d'élèves n'a rien d'évident et qu'il doit être aisé de tomber dans la caricature ou la répétition. Mais, à l'époque, ce jugement hâtif, cette façon de me décrire à mes propres parents sans que je puisse y redire quoi que ce soit me semblaient constituer une véritable atteinte à la dignité.

Aujourd'hui, j'ai d'ailleurs du mal à concevoir

que des gens acceptent de continuer à se faire noter une fois devenus adultes, comme c'est le cas dans certaines entreprises ou institutions. Bien sûr, il s'agit parfois d'une concession nécessaire à laquelle beaucoup se soumettent faute de pouvoir faire autrement. Mais je crois aussi que certains aiment ça, attendant avec impatience leur petit compliment ou redoutant une possible critique, exactement comme lorsqu'ils étaient écoliers.

À la lecture de mes carnets de notes, ce qui m'exaspérait le plus c'étaient les bons mots que tel ou tel professeur tentait parfois. Je me souviens en particulier d'un bulletin de fin d'année, dans lequel le professeur d'histoire avait inscrit : « Ne s'intéresse pas à l'histoire et, si ça se trouve, même pas à sa propre histoire. »

Ce trait d'esprit bon marché m'avait fait bouillir de rage et de honte. Moi qui, au contraire, m'intéressais totalement à mon histoire...

Le café du port

À quinze ans, j'eus l'occasion de passer les deux mois de vacances d'été à Étretat. Comme je n'y connaissais personne, il n'était pas évident d'occuper mes journées : je déambulais entre la location de mes parents, la plage de galets et les cafés du port. Au bout de quelques jours, j'avais repéré à la terrasse de l'un d'eux un groupe de garçons et de filles qui devaient avoir mon âge ou un peu plus. Parmi eux, je fus rapidement subjugué par Muriel, une grande blonde pleine de spontanéité et d'enthousiasme.

L'idée d'intégrer ce cercle m'avait tenté d'emblée, et la présence de Muriel ne faisait que la conforter. Par chance, à la périphérie d'une bande, il existe souvent une porte d'entrée : le copain sympa pas encore vraiment intégré qui cherche à se faire d'autres amis. Il y en avait un : un jeune homme appelé Julien, qui noua la conversation en me demandant si j'avais du feu, puis me proposa de venir m'asseoir avec les autres.

Je ne me fis pas prier pour accepter, d'autant que j'avais entendu qu'il était question d'une soirée organisée chez Muriel le soir même. La conversation se porta d'ailleurs rapidement sur le sujet et Muriel fit le tour de la table pour rappeler à chacun l'adresse, l'horaire et ce qu'il fallait apporter à boire. Malheureusement, elle passa mon tour comme si je n'existais pas. Voyant ma déception, Julien tenta de me convaincre de venir quand même mais cela me semblait impossible : Muriel m'ayant sciemment évité, le message était clair.

De retour chez moi, je me sentais honteux d'être ainsi exclu et de ne pas avoir su m'intégrer plus rapidement. Surtout, je n'arrêtais pas de penser à Muriel qui me plaisait vraiment. N'en pouvant plus, je décidai de sortir en cachette et d'essayer de me rendre chez elle comme me l'avait suggéré Julien. Le portail de la maison était fermé et je n'osais pas sonner, de peur qu'elle ne vienne ouvrir et me chasse. Il me sembla donc plus judicieux de trouver un moyen d'entrer et de me mêler discrètement aux autres. De quoi me laisser le temps de trouver une occasion de discuter avec Muriel et de faire connaissance.

La maison de ses parents était entourée d'un mur récemment refait. Et en le longeant, je découvris une brèche pas encore réparée que je parvins à escalader. J'allais me hisser sur le rebord lorsqu'un chien se mit à aboyer. Sans pouvoir identifier s'il se trouvait dans le jardin ou dans la propriété voisine, je fus frappé de stupeur : que se passerait-il s'il me sautait dessus à peine descendu du mur ? J'hésitai un instant mais les aboiements cessèrent et j'entendis le bruit de la fête qui battait son plein : ma curiosité étant plus forte que tout, j'avançai.

Je réussis à descendre dans le jardin. Aucun molosse à l'horizon, ouf ! À travers les arbres, j'aperçus l'entrée de la maison et les grandes fenêtres éclairées du salon. Je distinguais les invités qui dansaient au rythme du jazz des années cinquante. Et moi, j'étais là, tout seul, immobile dans le noir, soudain paralysé par l'interdit et par cette vitrine d'objets inaccessibles.

Des sensations enfouies me revenaient : j'ai dix ans, c'est le soir après dîner. Mes parents m'ont demandé d'aller me coucher, mais je brave l'interdiction parentale, caché dans le couloir à essayer de voir la suite du programme télé sans me faire prendre. J'ai treize ans, je suis en colonie de vacances et j'essaye de regarder à travers le trou de la serrure du vestiaire les filles qui se déshabillent.

J'ai huit ans, Noël approche, je fouille les placards à la recherche des cadeaux pour m'assurer que j'aurai bien le jouet demandé...

Je sortis de ma rêverie en apercevant une scène stupéfiante, à laquelle je ne m'attendais absolument pas. Mon pouls accéléra, ma bouche se dessécha et je me mis à transpirer. Ce que je voyais était impensable, impossible ! J'eus tout à coup envie de fuir, mais je sentais que mes jambes ne me porteraient pas. Je fermai les yeux quelques instants pour essayer de reprendre mon souffle et mes esprits, en tâchant de respirer calmement.

Un peu rasséréné, je me concentrai pour repartir sans attirer l'attention par un geste maladroit. En redescendant du mur, je calculai chaque geste afin de rester le plus silencieux possible. Personne ne me remarqua, et je retournai chez moi, avançant comme un automate dans la rue déserte. Je passai le reste de la nuit à me retourner dans mon lit sans trouver le sommeil.

Le lendemain, j'hésitai à revenir au petit café du port, en proie à des sentiments confus. Là encore, la curiosité fut la plus forte et je finis par me décider. Quand j'arrivai, la bande était déjà installée à la terrasse. Julien m'accueillit d'un clin d'œil comme on salue quelqu'un qui passe ; les autres ne semblèrent pas me remarquer, et surtout pas Muriel qui riait aux éclats. Elle était pleine de joie de vivre, de simplicité, de naturel.

En la revoyant, je me sentis d'un coup très seul et particulièrement mal à l'aise. Je quittai précipitamment le café pour respirer l'air frais du dehors. Une fois dans la rue, la scène de la veille me revint. Je revis Muriel enlaçant Florence tendrement, l'embrassant encore et encore puis dégrafant légèrement son corsage. Les autres passaient à côté d'elles indifférents, comme s'ils ne les voyaient pas.

Moi, caché derrière les arbres, j'avais vu cette fille qui m'attirait partir dans un monde encore plus inaccessible. Je m'étais senti ridicule d'avoir espéré entrer, malgré le dédain affiché d'emblée par Muriel, dans un univers où je n'avais pas ma place. Je me demandais si ma « normalité » ne me rendait pas banal, insipide et si la différence ne constituait pas la vraie vie derrière le miroir.

Après cet épisode, je n'ai plus cherché à côtoyer la bande du café du port. Et jamais la fin des vacances d'été ne m'a semblé si longue.

Jeanne

En terminale, j'ai mis des mois à essayer d'approcher Jeanne Durand. Pendant les cours, je passais la plupart de mon temps à la regarder du coin de l'œil. Je trouvais que tout était beau en elle, ses grands yeux noirs, ses longs cheveux bruns et sa petite bouche toute fine. Chaque jour ou presque, je décelais un nouveau détail attirant : sa façon de s'asseoir, son rire, sa démarche élégante. En deux mots, j'étais raide amoureux.

Le souci était qu'elle ne me voyait pas et ne m'adressait jamais la parole. De toute façon, elle sortait avec Marc, l'un des garçons les plus convoités du lycée qui ne la quittait jamais d'une semelle. Mon histoire avait tout du rêve inaccessible et interdit.

N'envisageant pas de renoncer, j'ai décidé de me mettre dans la position du chasseur guettant patiemment sa proie. Comme, à part elle, rien ne m'intéressait, j'ai pris tout mon temps pour l'observer, traquant la moindre faille susceptible de me donner de l'espoir. Je surveillais ses changements d'humeur et notais mentalement les gestes qu'elle n'aimait pas, comme lorsque son petit copain lui passait lourdement la main sur l'épaule dès qu'un autre garçon la regardait dans la cour. Je devinais son agacement à sa façon de contracter les omoplates.

Deux trimestres se sont écoulés ainsi. Le bac approchait, mais je restais focalisé sur Jeanne. Et puis, un matin, elle est arrivée les yeux rougis, le teint brouillé. Elle venait visiblement de pleurer et s'est isolée, ne parlant à personne. J'ai rapidement compris la situation en voyant Marc, à quelques mètres de là, souriant et plaisantant avec Élisabeth Moreau, une blonde splendide parfaitement superficielle.

Tenter quelque chose à ce moment-là aurait été malvenu. Mieux valait laisser les plaies cicatriser un peu avant de me manifester. Mais une semaine plus tard, je me suis lancé... bien aidé par un coup de pouce du destin. J'étais en retard ce matin-là et la porte venait de se refermer quand j'ai vu Jeanne arriver en courant. J'ai vite sonné et me suis posté devant le bureau du surveillant, ce qui lui a permis d'entrer en douce.

Une fois en cours, nous avons échangé quelques regards complices et j'ai osé l'inviter au café pour le déjeuner.

Quelques semaines plus tard, le verdict du bac tombait. Reçus ! Nous étions tous les deux reçus, et avec mention. Nous avions prévu de fêter ça chez Yann, un copain dont les parents étaient en vacances, le laissant seul dans leur immense maison. Nous avons beaucoup dansé, ce soir-là, bu toutes sortes de cocktails exotiques avec la délicieuse impression de nous libérer d'un coup, de passer à l'âge adulte, enfin dégagés de la vie lycéenne.

Jeanne était plus belle que jamais et encore plus désirable. Au début de notre relation, elle m'avait fait comprendre qu'il était inutile d'espérer plus qu'un flirt, m'expliquant qu'elle voulait se concentrer sur les révisions, n'était pas une fille facile et que le seul fait qu'on la désire lui plaisait. Mais maintenant que nous avions notre bachot et deux mois de vacances devant nous...

Vers quatre heures du matin, je l'ai entraînée à l'étage dans une chambre vide. Style élégant, lit capitonné, coiffeuse et petit sofa dans un coin. La première fois, j'ai été trop rapide. L'émotion en découvrant son corps nu, en touchant ses fesses, ses seins que je désirais depuis si longtemps, m'a fait perdre le contrôle de la situation. Mais une heure plus tard, nous avons recommencé en prenant tout notre temps. Et la nuit fut merveilleuse.

Je me suis réveillé tard le lendemain. Quand j'ai ouvert les yeux, j'ai vu que Jeanne était déjà descendue. En me redressant, j'ai découvert toutes mes affaires, enlevées fougueusement dans le noir quelques heures plus tôt, éparpillées au pied du lit.

Sur le dessus, trônait mon slip blanc avec, au milieu, une trace assez nette marron peu ragoûtante. C'était la première chose que Jeanne avait dû voir en se levant...

Le landau

Parmi les souvenirs marquants de mon enfance, les heures passées avec ma grand-mère se détachent particulièrement. Elle s'occupait très souvent de ma sœur et moi : chaque semaine, elle nous emmenait nous promener au jardin Saint-Roch à Paris, puis nous conduisait à la boulangerie et à la librairie. Nous revenions chez nous avec des bandes dessinées et des bonbons plein les bras.

Ces instants simples et heureux semblaient pouvoir se répéter indéfiniment... jusqu'au jour où mon cousin Hugues vint au monde. Tout de suite, il n'y en eut plus que pour cet adorable nourrisson, à qui ma grand-mère consacrait une attention toute particulière, se montrant dès lors moins disponible pour nos promenades hebdomadaires.

J'étais très jaloux, tout comme ma sœur, et notre cruauté d'enfants se voyait réveillée par l'arrivée d'un rival innocent. Sans en avoir conscience, nous avions envie de nous venger de lui.

Cet après-midi-là, nous étions tous les trois au jardin avec ma grand-mère. Je passai la première heure à jouer tranquillement au toboggan et à la balançoire, tandis qu'elle ne cessait de cajoler Hugues ou de le bercer dans son landau. Avec ma sœur, nous les observions du coin de l'œil, échangeant des regards envieux à chaque gazouillement du bébé.

Après le goûter, nous avons proposé à grand-mère d'emmener le petit Hugues vers le lac aux poissons rouges. Quand nous avons été suffisamment loin d'elle et certains que personne ne nous observait, nous avons accéléré brusquement et lancé le landau à toute allure dans une descente. Inévitablement, il a fini par se retourner en heurtant un obstacle et le bébé s'est retrouvé projeté sur le sable du chemin. Comme il s'est mis à hurler, nous nous sommes précipités vers lui, le tapotant sèchement pour enlever la poussière qui couvrait ses habits. Nous l'avons ensuite recouché en essayant de calmer ses cris. Au bout de quelques minutes, il s'est endormi, épuisé, et nous sommes retournés près de notre grand-mère. Sans avoir besoin de palabrer, ma sœur et moi nous étions tacitement mis d'accord sur la nécessité de ne rien révéler.

Voyant que le petit dormait sagement sous sa couverture, elle décida, pour nous remercier de nous être occupés de lui, de nous offrir un livre chacun. Nous étions en sorte remerciés de nous être comportés cruellement !

Plus tard, notre cousin entra à l'école et connut de nombreuses difficultés scolaires. Et chaque fois que ce sujet fut évoqué, je ressentis un profond malaise en revoyant la scène !

Deuxième partie

Gaffes, mensonges et maladresses

« La gaffe est l'administration massive, intempestive et inopportune de ces vérités qu'une posologie civilisée dose en général goutte par goutte. »

Vladimir Jankélévitch

Parmi les innombrables sources de petites hontes, notre propre maladresse occupe une place de choix. Qui n'a jamais commis de gaffe catastrophique au plus mauvais moment ? Qui n'a jamais cédé à la tentation d'un petit mensonge anodin, sans imaginer les conséquences qu'il provoquerait ? Qui n'a jamais trébuché sur une maladresse comique ou tragique, s'attirant aussitôt les regards moqueurs ou accusateurs de la foule ?

Nous avons tous, un jour ou l'autre, été submergés par une vague de honte, parfois même de panique, après une glissade pitoyable en public, l'oubli d'un anniversaire important, la révélation involontaire d'un secret jusque-là bien gardé ou un mauvais jeu de mots blessant cruellement l'intéressé au lieu de le faire rire...

L'expression – consacrée – qui qualifie ces instants de « grands moments de solitude » se trompe pourtant : car la solitude du gaffeur est finalement commune à tous. Interrogez vos proches à ce sujet et vous constaterez qu'ils gardent eux aussi en mémoire des situations de ce type. Nous ne sommes donc pas si seuls face à nos bévues, d'autres en ont commis avant nous et en commettront encore.

Cette constatation a quelque chose de rassurant, de réconfortant même. Hélas, elle ne vient jamais à notre secours sur le moment, lorsque la honte nous submerge et que notre unique souhait, à défaut de pouvoir remonter le temps pour effacer la catastrophe, serait de disparaître sous terre...

Le Père Noël

Avec quelques amis, nous avions l'habitude d'organiser un goûter à chaque fin d'année scolaire. Cette fois-là, Sophie avait tout préparé. Elle nous avait donné rendez-vous dans un parc près de chez elle. Après avoir laissé les enfants jouer, nous nous installâmes en cercle sur l'herbe et Sophie sortit avec fierté un quatre-quarts dont elle commença la distribution. Je n'avais absolument pas faim, mais ses efforts de pâtissière m'obligeaient à participer. Or le gâteau, sec, s'avérait pour le moins difficile à avaler. Pour autant, poliment, tout le monde la félicita. Sophie rougit de plaisir avant de dévoiler sa botte secrète : une Thermos de chocolat chaud fait maison.

Le quatre-quarts mouillé avec le chocolat chaud devint presque agréable, et surtout plus aisé à manger. Libérées d'une mastication fastidieuse, les langues se délièrent et la conversation s'anima. Soudain, je réalisai que je n'avais pas dit grand-chose depuis mon arrivée et me sentis obligé de me manifester.

— Je trouve magique cette idée de goûter avant les grandes vacances. Les aliments sucrés comme ce quatre-quarts me rappellent mon enfance. En plus, le goûter des enfants relève juste du plaisir et ne compte pas comme un repas. Pour un organisme en pleine croissance, l'excès de calories n'a pas trop d'importance. Je me souviens qu'il y a quelques années, des cousins m'avaient demandé de me déguiser en Père Noël pour leurs enfants. J'avais sonné chez eux avec ma hotte pleine de cadeaux, dont une multitude de petits gâteaux emballés dans de jolies boîtes. Les petits étaient contents de goûter les sucreries du Père Noël ! Et n'ont jamais su que c'était moi.

À peine avais-je achevé mon histoire que je croisai le regard sévère de ma voisine, qui se tourna illico vers son petit garçon de quatre ans. Celui-ci avait tout entendu.

— Maman, c'est pas vrai que le Père Noël c'est le monsieur, hein ?

Avant qu'elle ait le temps de répondre, le grand frère du bout de chou cria :

— De toute façon, le Père Noël n'existe pas, y a que les bébés qui y croient !

Puis il courut rejoindre d'autres enfants qui jouaient sous des arbres.

Le petit se mit à pleurer sous le regard consterné des autres parents. Et moi j'étais aussi triste que lui. D'abord pour avoir maladroitement brisé le mythe du Père Noël, ensuite parce que je me souvenais du malaise ressenti lorsque, moi-même, j'avais appris qu'il n'existait pas.

En tout cas, j'ai trouvé un prétexte pour ne pas participer au goûter l'année suivante.

L'AUTRE HISTOIRE

Monique, une amie de ma femme, avait rencontré Gérard six mois plus tôt et tenait absolument à ce que nous fassions sa connaissance. J'avais proposé de les inviter dans un petit restaurant plein de charme : plat du jour inscrit sur une ardoise, décoration simple et authentique et délicieuses odeurs de cuisine rappelant l'enfance.

À peine installé à table, Gérard sembla tout de suite à son aise et commença à monopoliser la conversation en détaillant l'évolution de son handicap au golf. Il relata longuement ses différents exploits sur les parcours, ses sorties de bunker millimétrées, ses putts précis, ses coups évitant de justesse un obstacle d'eau, etc. Au final, nous avons tous saisi qu'il était parvenu à bien jouer durant plusieurs compétitions d'affilée, d'où une amélioration significative de son classement. Hélas, ces histoires n'intéressaient que lui, ce dont il ne se rendait pas compte, trop occupé à se mettre en avant. Et moi, agacé, je ne pus résister à l'envie – un peu puérile, je l'avoue – de faire de même histoire de rétablir l'équilibre.

Profitant d'une interruption du serveur qui apportait les apéritifs, je me lançai :

— Je pratique la natation depuis l'âge de huit ans et j'ai été champion universitaire du cent mètres crawl.

Je croisai alors le regard las de ma femme, qui s'apprêtait à écouter pour la millionième fois la même histoire, mais voilà : j'avais commencé, donc je poursuivis. Et pour cause, j'avais décidé de changer légèrement mon récit :

– Il faut que je vous raconte comment cela s'est passé car ça montre qu'il ne faut jamais désespérer. Je préparais à fond le championnat depuis six mois. Après les cours, je ne manquais jamais les trois heures d'entraînement quotidien. En forme ou pas, je gardais mon objectif en tête. C'était dur, très dur. Chaque fois, j'essayais d'améliorer mon temps, de chercher le petit détail dans la synchronisation d'un mouvement qui ferait la différence. Bref, j'étais au taquet. Mais la veille de la course, je sentis une horrible douleur en bas du ventre à droite. On diagnostiqua une crise d'appendicite ! Il allait falloir m'opérer sans tarder. Pourtant, malgré la douleur je ne voulus pas laisser tomber la compétition. Je décidai donc de m'y rendre coûte que coûte en me bourrant d'antalgiques. Le plus dur fut l'attente sur le plot de départ : je frissonnais et j'avais du mal à me tenir debout. Au signal de départ, j'ai plongé avec violence et nagé comme un animal, la douleur au ventre me faisant aller plus vite. En fait, une souffrance chassait l'autre. Mes bras et mes cuisses tiraillaient, mais cela atténuait ma douleur abdominale. Plus j'allais vite, moins j'avais mal. Sur la dernière longueur, je repensai à cette phrase de Saint-Exupéry perdu dans le désert : « Ce que j'ai fait, aucune bête ne l'aurait fait. »

Je marquai une pause pour ménager mon effet. Tout le monde m'écoutait, admiratif, sauf ma femme qui me lançait des regards réprobateurs.

— Contre toute attente, repris-je, j'ai gagné. Épuisé, je me suis écroulé sur le podium en recevant la coupe du vainqueur, provoquant un début de panique générale. J'ai ensuite été évacué d'urgence en ambulance jusqu'à l'hôpital. Je ne me souviens ensuite de rien, mais il paraît que je ne voulais pas lâcher ma coupe des mains.

Le problème des petits restaurants, c'est que les tables sont souvent très proches les unes des autres, ce qui empêche la moindre confidentialité des conversations. De fait, nos voisins avaient tout entendu, et l'un d'eux m'appela par mon prénom. À ma grande stupeur, il s'agissait d'André, un copain de faculté. Le jour de la compétition, c'est lui qui était arrivé premier car j'avais seulement fini troisième et, évidemment, sans crise d'appendicite.

— Alors, comment vas-tu ? me demanda-t-il en arborant un large sourire. Toujours aussi en forme ?

Leçon de séduction

Cette fin d'après-midi-là, j'avais accepté une invitation de dernière minute à un vernissage. Je ne connaissais pas très bien mes hôtes, qui avaient sans doute eu besoin de puiser dans les recoins de leur carnet d'adresses pour pallier des désistements de dernière minute.

À peine arrivé, je vis d'ailleurs que je ne connaissais quasiment personne, mais mon regard fut tout de suite attiré par une femme que je n'avais jamais rencontrée. Sa beauté fascinante et mystérieuse me donna presque des frissons. Je la contemplais en faisant semblant de tourner autour du buffet, changeant discrètement d'angle pour mieux l'observer. La grâce de ses gestes fluides, sa voix douce qui se détachait du brouhaha ambiant, la robe noire qui soulignait son élégance naturelle, ses longs cheveux ondulant souplement sur ses épaules : tout concourait à la rendre irrésistiblement séduisante.

Elle discutait avec une amie, une coupe de champagne rosé à la main. J'avais très envie de me joindre à elles. Toutefois, je n'imaginais pas me planter entre les deux copines et faire le mufle en les interrompant dans leur conversation. En outre, j'eus soudain l'étrange impression que tous mes petits défauts ressortaient les uns après les autres. D'un coup je me sentis en effet trop gros en croisant ma silhouette dans un miroir. Ayant dû prendre au moins cinq kilos depuis six mois, je me voyais même un début de double menton et un peu de ventre.

Je tentai de rentrer discrètement les joues et le ventre mais cela me donna un air étrange et coincé alors que la belle inconnue étincelait, sublime, inaccessible. L'aborder relevait de l'impossible, mais ne pas le faire risquait de me gâcher l'existence, comme dans *La Divine Comédie* de Dante. Le personnage de Goethe y croise une jeune fille très belle sur un pont mais n'ose lui parler. Et ne cessera ensuite de penser à elle, se disant qu'il a manqué l'essentiel.

Une main posée sur mon épaule me tira de ces pensées. C'était Paul, un ami de longue date riant de m'avoir fait sursauter. Après les politesses d'usage, la conversation porta sur les invités présents. Comme moi, il n'en connaissait que quelques-uns mais, par chance, la belle inconnue en faisait partie. Devinant sans doute mon attirance, il proposa de m'introduire auprès d'elle.

— Bonsoir Simone, fit-il après s'être approché, je vous présente Frédéric, un très bon ami.

Et là, je ne sais pourquoi, j'eus besoin de me prétendre autre que j'étais pour l'impressionner. Au lieu de vanter mon métier de médecin, je répliquai tout en souriant avec naturel :

— Frédéric, spécialisé dans la location d'appartements de prestige.

— Simone Vans, attachée de presse, répondit-elle, pleine de charme.

Nous nous serrâmes poliment la main et je frémis en sentant la douceur de sa peau. Et en découvrant les yeux éberlués de Paul.

— C'est toujours difficile d'être résumé en une phrase, repris-je.

Elle sourit, ce qui m'encouragea à continuer. J'avais envie de mieux lui expliquer mon activité fictive :

— J'ai d'abord fait des études de droit, mais j'ai ensuite été attiré naturellement par l'immobilier de standing. En fait mon truc, c'est la location. J'ai toujours pensé que les gens se gâchent la vie à vouloir acheter à tout prix plutôt que louer.

— Vraiment ? fit-elle, l'air intéressé.

— Oui, ils aspirent à du définitif dans tout, alors que la vie est complètement temporaire. Ils désirent figer les choses, se sentir sécurisés, mais cela ne sert à rien. Je plaide plutôt pour une indépendance totale, une liberté farouche, je ne m'attache pas. Louer, c'est être libre, c'est dans le mouvement que je trouve mon équilibre.

Simone souriait malicieusement, ce qui me laissa espérer que mon discours lui plaisait. Je poursuivis :

— D'ailleurs, pour les tribus nomades d'Afghanistan, les citadins vivant dans le confort sont des gens malades. Ils considèrent que l'homme doit bouger pour se maintenir en bonne santé. Ils n'ont pas tort : l'immobilisme augmente la mortalité. Des études récentes ont d'ailleurs montré que le taux de mortalité est multiplié par deux quand les gens arrêtent de travailler. Et puis, vivre en location oblige à s'ancrer davantage dans le présent. Je vis en location dans tout : la voiture, l'appartement bien sûr, le studio pendant les vacances... Quand je pense à tous ces gens qui empruntent pendant vingt ans, se privent de tout pour leur pavillon de banlieue ou une résidence secondaire ! Ils vivent chichement et étriqués, pensant qu'ainsi ils ne gaspillent pas leur argent, que leur bien prendra de la valeur et qu'ils pourront laisser quelque chose à leurs enfants plus tard. Je me sens plus proche d'Oscar Wilde qui disait, à propos d'un ami beaucoup plus fortuné : « C'est vrai qu'il est plus riche que moi, mais comme je dépense autant que lui, cela revient au même. »

— Oscar Wilde ! répéta Simone en levant les sourcils avec étonnement. Eh bien...

La sonnerie de son téléphone portable l'interrompit à ce moment-là. Elle regarda l'écran de l'appareil et sourit.

— Excusez-moi, dit-elle, je dois répondre, c'est mon banquier. J'attendais son accord définitif pour mon prêt immobilier car je vais acheter un appartement.

Elle décrocha et s'éloigna pour pouvoir converser au calme, me laissant entre Paul et son amie qui n'avaient rien perdu de la scène et se retenaient difficilement de rire. Non seulement j'avais bluffé sur mon métier, mais en plus, avec tant de propos bizarres, je n'avais pu que l'éloigner de moi !

L'INTELLECTUEL RIVE GAUCHE

En revenant d'un congrès médical à Bruxelles, j'eus un jour l'agréable surprise de me trouver dans le même wagon que Philippe, un ami de longue date. Le train n'étant pas plein, nous n'eûmes aucun mal à nous asseoir côte à côte. Philippe était professeur de philosophie à la Sorbonne et auteur d'ouvrages sur Einstein et l'éthique, Socrate comme initiateur de la politique actuelle et bien d'autres choses d'apparence assez ardue mais qu'il savait rendre accessibles au plus grand nombre.

Or j'adorais discuter avec lui, tant cela me donnait le sentiment de me dépasser, d'accéder à une vision du monde plus profonde, bien plus intéressante, notamment grâce à son art de dévoiler les liens subtils entre les philosophes anciens et le monde contemporain. Je l'écoutais en somme avec le même appétit que lorsque j'avais découvert les cours de philosophie en terminale. Malgré tout, je ne voulais pas que la conversation soit à sens unique et j'essayais moi aussi d'aborder des thèmes un tant soit peu intellectuels.

Par chance ce jour-là, dans le wagon, j'avais un sujet tout trouvé.

— Vois-tu, je suis allé récemment à Pleyel écouter un concert de Bach, lançai-je. Murray Perahia était au piano, c'était fantastique. J'avais l'impression d'être dans un engin spatial et de décoller. Pour moi, la musique de Bach repose sur une architecture mathématique exponentielle, à l'opposé par exemple de celle de Strauss, qui m'évoque plutôt un cercle se reproduisant à l'infini.

Philippe appuya une main contre son menton et réajusta ses lunettes.

— Je partage tout à fait ton avis, fit-il en s'adressant à moi comme à un connaisseur, quelqu'un qu'il respecte, qui lui ressemble.

J'étais heureux de sentir qu'il me considérait enfin comme l'un de ses semblables.

— J'ai beaucoup regretté de ne pas assister au concert de Perahia, poursuivit-il, je donnais une conférence à Boston. Ceci dit, la musique de Bach comporte parfois une dimension circulaire comme dans la *Symphonie concertante*. Mais en fait, c'est pour mieux s'en extraire, tu as tout à fait raison.

La conversation continua ainsi jusqu'à la gare du Nord, où j'avais laissé ma voiture. Philippe allait prendre un taxi, mais je proposai de le déposer.

— Tu habites toujours boulevard Raspail ? demandai-je.

— Oui ! Je vois que tu as une excellente mémoire. Il paraît d'ailleurs que la musique classique la stimule, c'est cela ton secret ?

Nous descendîmes vers le parking en riant, discutant littérature, art et philo comme deux vieux amis. Et là, patatras : une fois dans le véhicule, je mis le contact, oubliant que j'avais laissé la radio allumée avec un de mes CD préférés dedans. La voix de Claude François retentit alors à tue-tête : « Des magnolias par centaines, des magnolias comme autrefois, je ne sais plus comment faiaiaire... »

Je me précipitai sur l'autoradio pour faire croire à Philippe que ce n'était pas un disque mais une station de radio et je me trompai de bouton, enclenchant la chanson suivante : le « Aaaahhhh » introductif d'*Alexandrie Alexandra*.

Finalement, je coupai nerveusement le son, laissant place à un silence gêné et plutôt pesant. Philippe fixait la pochette du CD qui se trouvait à ses pieds sur le plancher, cherchant peut-être en vain un album de Murray Perahia. Il ne trouva plus rien à me dire jusqu'au boulevard Raspail.

La bonne voleuse

En me préparant ce jour-là, j'avais décidé de porter la montre offerte par ma femme pour Noël. Hélas, je ne parvenais pas à remettre la main dessus. Agacé, je commençai à tout retourner, passant d'une pièce à l'autre en ronchonnant. Je fouillai les tiroirs, défis des piles de linge sans les remettre en ordre, en vain. J'étais pourtant sûr et certain de l'avoir rangée dans la boîte en cuir entreposée dans le placard de ma chambre. Celle où je mets tous les objets auxquels je tiens. Pensant que ma femme l'avait peut-être déplacée, je décidai de commencer une fouille méthodique, pièce par pièce, meuble par meuble, formant dans mon esprit une ligne imaginaire afin de filtrer tout l'appartement.

Après une demi-heure de recherche, je restais bredouille. Et maudissais intérieurement mon côté mal organisé : je perdais tout, tout le temps, au grand dam de mon épouse. Pour autant, j'avais cette fois l'intuition de ne pas avoir égaré ma montre par inadvertance. Elle devait forcément se trouver dans l'appartement. Je repris donc mes recherches, palpant les poches de mes vestes et pantalons, sondant encore une fois d'autres petits espaces improbables, sans conviction.

Tout à coup, une question s'imposa à moi : et si la nouvelle femme de ménage l'avait volée ? D'un côté, cela paraissait peu probable étant donné ses sérieuses références. De l'autre, cette montre devait représenter au moins deux mois de salaire, la tentation pouvait être grande. Il fallait que j'en aie le cœur net.

Je la rejoignis dans la cuisine où elle était occupée à placer des verres dans le lave-vaisselle. Je lui demandai avec insistance si, « par hasard », elle n'avait pas trouvé une montre. Elle répondit que non sans trahir la moindre hésitation. Je la lui décrivis avec précision, histoire de lui faire comprendre que je connaissais « vraiment » bien l'objet, dans un style et un ton plus proches du constat d'huissier que de la conversation anodine.

Commençant sans doute à réaliser que je l'accusais à demi-mot, elle se troubla. Ça y était ! triomphais-je intérieurement. J'allais la prendre la main dans le sac, lui faire avouer son forfait. Pour cela, je resserrai encore mon interrogatoire, lui demandant à plusieurs reprises si elle était « bien sûre » de ne pas l'avoir vue, me rapprochant peu à peu d'elle, parlant un peu plus fort, mon regard directement planté dans le sien.

Elle commença à avoir les larmes aux yeux, ce qui était presque un aveu. Croyant qu'elle allait craquer, j'allais lui poser une nouvelle question mais elle me répéta qu'elle n'avait rien fait et quitta la pièce en pleurant.

Lorsque ma femme rentra de son travail le soir, je lui annonçai que j'avais perdu ma montre. Elle sourit :

— Comme elle traînait sur la table de nuit et que les aiguilles étaient arrêtées, je l'ai portée chez le bijoutier pour qu'il change la pile.

J'émis un gloups de honte. Et téléphonai aussitôt à la femme de ménage pour lui présenter mes excuses. Elle répondit calmement qu'elle était contente que j'aie retrouvé ma montre mais... qu'elle ne reviendrait pas travailler chez moi !

Psycho-test

J'avais promis depuis longtemps à Irène, une collègue avec qui je m'entendais bien, de l'inviter à déjeuner dans un petit restaurant. À peine assis, le garçon nous tendit une immense carte faisant rempart entre nous. Nous nous laissâmes tenter par le plat du jour. En attendant nos assiettes, je n'avais aucune envie de débiter des banalités et encore moins d'évoquer le travail. Je me souvins alors d'un petit test, qui avait du succès dans les dîners entre amis, et était pratiqué à une certaine époque dans l'armée car supposé donner de bonnes indications sur la personnalité et la psychologie de ceux qui s'y prêtaient.

— Es-tu d'accord pour faire un petit test psychologique très simple ? demandai-je

— Pourquoi pas ? répondit Irène. De quoi s'agit-il ?

Je lui tendis un petit carnet et un stylo.

— Tu vas simplement répondre aux questions que je te pose, comme ça, sans réfléchir, très vite. Tu notes la première chose qui te passe par la tête.

— OK, vas-y.

— Donne-moi le nom du premier animal qui te vient à l'esprit ainsi qu'un adjectif, n'importe lequel en dehors des couleurs.

— Euh...

— Allez, vas-y ! Sans réfléchir.

— Bon, ça y est.

— Maintenant, note encore un animal et un adjectif différents des précédents.

— Voilà !

— Et encore une fois.

— Voyons... Ça y est.

Je pris son papier et le retournai sur la table sans regarder ce qu'elle avait écrit.

— Le premier animal, expliquai-je, c'est toi telle que tu te vois. Le second correspond à l'image que tu penses donner aux autres. Le troisième, c'est toi telle que tu es en réalité. Voyons ce que ça donne...

Je remis la feuille à l'endroit et découvris ses réponses. Elle avait écrit chien vif, grosse vache et fouine malodorante.

Hors-piste

« Tu verras, c'est très joli et il y a plein de choses à faire sur place. En plus, tout est compris », m'avait dit Paul en me conseillant de me rendre dans un club en Grèce. De fait, les possibilités ne manquaient pas, entre les visites touristiques, les soins au spa, les courts de tennis ou le club de voile. Pour couronner le tout, l'hôtel offrait à chaque client deux tours de ski nautique quotidiens.

Si plus jeune j'adorais ce sport, je n'en avais pas fait depuis des années et n'étais pas sûr de retrouver mes marques. J'avais donc hésité à m'y remettre mais je m'étais laissé convaincre par le sempiternel « après tout j'y ai droit, c'est compris, ça serait dommage de ne pas en profiter ».

Un matin, je me trouvais donc sur le ponton de départ, attendant mon tour avec une dizaine d'autres vacanciers, affublés comme moi d'un gilet de sauvetage jaune. Pour passer le temps, nous commentions les prouesses des skieurs, qui démarraient tous impeccablement. J'avais un peu le trac de ne pas faire aussi bien, craignant de ne pas réussir à me hisser hors de l'eau et de me faire traîner sur 30 mètres dans un bouillon d'écume. À chaque nouveau départ, je l'avoue, j'espérais sadiquement que la personne n'arriverait pas à partir, histoire de me sentir moins seul si cela devait m'arriver.

J'allais bientôt m'élancer et le moniteur responsable du départ m'appela. Il était du style bourru et peu communiquant, sans doute pour marquer que c'était lui le pro. Il se contentait de jeter un œil sur la taille des pieds des participants et de leur passer brutalement une paire de skis. Chacun essayait de les enfiler tant bien que mal, tirant fort sur l'arrière des bottes plastifiées en essayant de garder l'équilibre. Si jamais la taille ne convenait pas, il poussait un grognement et vous tendait une autre paire de skis, comme si vous étiez fautif.

Coup de chance, il me donna des skis adaptés du premier coup. C'était donc à moi de jouer.

Devant moi, un garçon d'une douzaine d'années venait de réaliser un démarrage parfait. L'ours vérifia que mon gilet était bien serré et me demanda :

— C'est la première fois ?

— Euh... Oui, je n'en ai jamais fait, je découvre ! dis-je, espérant que ce petit mensonge me couvrirait en cas de chute et me permettrait, sinon, de briller devant les autres. D'ailleurs, ajoutai-je, comment se tient-on sur les skis ?

— Vous avez bien vu. Tenez-vous en arrière, bras tendus. C'est facile, même les enfants décollent tout de suite.

— Hum, bon. Je vais faire de mon mieux.

— Allez ! conclut-il, me poussant presque dans l'eau.

J'étais désormais paré, skis en l'air, barre en mains, concentré sur le bateau. Le conducteur me fit signe en levant son pouce en l'air.

— Go !

Résistant sans grande difficulté à la traction, je sortis de l'eau sans encombre, retrouvant avec plaisir la sensation inimitable de glisser sur l'océan. Je sentais le vent sur mon visage, la mer d'huile m'envoyait quelques embruns. De plus en plus à l'aise, je tournai la tête vers la côte, découvrant les criques voisines que je ne devinais pas de la plage. J'osai même quelques virages, jouant dans le sillage du bateau.

Je revins près du ponton, glissant en douceur jusqu'à l'échelle. Un grand sourire aux lèvres, je tendis mon gilet et mes skis au moniteur.

— C'était un plaisir, la mer est parfaite, commentai-je.

Il me regarda d'un air soupçonneux :

— Et monsieur ose dire que c'est une première fois ! articula-t-il d'une voix bien forte.

Enlèvement demandé

Une fois encore, je suis à la bourre. Je dois rejoindre des amis au théâtre, mais j'ai été retardé par une série de coups de fil et j'ai quitté mon bureau une heure trop tard. Résultat, je vais arriver après le lever de rideau, l'ouvreuse me fera entrer malgré tout en pestant et, pour me punir, m'installera au fond et sur un strapontin afin de ne pas déranger les autres spectateurs. Au final, elle projettera sa lampe électrique dans ma figure parce que le pourboire n'arrive pas assez vite. Ou pire encore, mes amis doivent m'attendre devant l'entrée, furieux : je leur ai déjà fait le coup à maintes reprises.

Bien sûr, comme toujours quand on est pressé, les grandes artères parisiennes sont totalement saturées. Devant moi, une file interminable de voitures s'étire, pare-chocs contre pare-chocs. Au loin, un feu semble désespérément fixé sur le rouge. À demi abruti par ma journée et l'embouteillage, je ne pense plus à rien, fixant simplement un immense panneau publicitaire lumineux qui change d'annonceur toutes les quinze secondes.

Trois affiches tournent en boucle : la première représente une nouvelle voiture, dans laquelle un homme est assis, caressant le tableau de bord en bois précieux. Posséder cette voiture ressemble au bonheur. La seconde vante une crème de beauté. Une fille sublime s'en étale délicatement sur le visage, ce qui la rend encore plus belle. Elle incarne l'éclat de la jeunesse, la fraîcheur, la joie de vivre. La troisième montre un pâté de campagne. Partager ce pâté avec ses amis assure visiblement de formidables moments de convivialité, comme en témoignent les trois copains assis côte à côte. Arborant fièrement des chemises à carreaux très « terroir », ils échangent des regards complices en se tenant par l'épaule : des instants vrais et sincères. J'en déduis que si j'achète ce pâté, je profiterai à cent pour cent d'une existence authentique et saine, entouré de ceux que j'aime.

La trivialité de tels messages devrait me faire sourire, mais je songe plutôt que les techniques publicitaires doivent s'avérer efficaces quand on connaît les tarifs de trente secondes de télévision avant le journal de vingt heures ou d'une campagne d'affichage. Les trois panneaux qui défilent sans cesse me rappellent aussi que la pub n'est finalement qu'une énième illustration de l'efficacité de la répétition.

Chaque jour, nous sommes soumis à des centaines de messages commerciaux qui finissent par nous inculquer des réflexes conditionnés : nous achetons instinctivement la marque qui a le plus fait parler d'elle comme nous répétions nos leçons à l'école. Durant l'enfance, les parents et les professeurs ressassent des messages sur ce qui est bien ou mal, vrai ou faux, juste ou injuste. Résultat, si l'on s'écarte des vérités qu'on nous a répétées, on se sent angoissé, presque coupable de ne plus incarner l'enfant bien sage. De sorte que certains, arrivés à l'âge adulte, continuent par exemple à finir leur assiette, même lorsqu'ils n'ont plus faim ou qu'ils n'aiment pas ce qu'ils mangent, juste pour continuer inconsciemment à faire plaisir à papa et maman.

Coincé à ce carrefour, j'ai beau savoir qu'il est impoli d'arriver en retard, je ne vois pas de solution. Nous finissons par avancer un peu, tout doucement. Le feu vire à l'orange mais tant pis, je passe. J'ai en effet repéré que, de l'autre côté de l'avenue, il y aura, quitte à ce qu'elle dépasse légèrement, assez de place pour une auto supplémentaire : la mienne...

Erreur.

L'intersection est plus étroite que je ne le croyais. Résultat, je bloque tout et me retrouve en plein milieu du carrefour. Une voiture sur ma droite vient se coller contre ma portière comme si elle essayait de me pousser. Tout le monde klaxonne derrière. Honteux, j'évite de regarder dans la direction des conducteurs que je coince et qui doivent me conspuer. J'obstrue bêtement la circulation, sans pouvoir me dégager. Le feu redevient rouge sur l'avenue à ma droite, déclenchant un nouveau concert de klaxons rageurs. Je guette en vain le moindre mouvement devant moi afin de pouvoir libérer la chaussée, mais les voitures qui me précèdent ne bougent pas d'un iota.

Le feu repasse au vert à ma droite. Nouveaux hurlements des klaxons. Je suis le parfait égoïste assis dans sa berline, celui qui bloque tout le monde pour rien, une fois encore en retard, sans excuse, et qui n'en mène pas large. Et je n'ai même pas un morceau de pâté à grignoter ou un tableau de bord en bois à caresser pour me réconforter...

Soirée rose

Une autre journée de travail se terminait, semblable à celle de la veille. Semblable à celle de l'avant-veille. Semblable à celles du mois précédent. Semblable finalement à toutes celles des années précédentes. En conduisant sur le chemin du retour, j'avais l'impression que si je les comprimais, ces années auraient pu se résumer en un jour.

J'arrivai chez moi avec un sentiment de vide, de vingt-quatre heures pour rien. Il restait au moins de petits plaisirs futiles, comme celui d'appuyer sur la télécommande pour ouvrir la porte du garage. Un geste banal qui me laissait encore, l'espace d'un instant, une impression de toute-puissance presque magique. J'appréciais cette façon de passer d'un espace à un autre, plus privé. Le plaisir était renforcé quand des piétons me voyaient à ce moment-là entrer dans un lieu interdit pour eux. Sentir la porte se refermer sur leurs regards curieux suscitait toujours en moi un je-ne-sais-quoi de plaisant.

Une fois à l'intérieur de la maison, je fus tout de suite surpris par une agréable odeur parfumée. Dans le salon trônait une superbe table recouverte d'une nappe rose, de petites bougies allumées et d'une vaisselle que je ne connaissais pas. Le dîner, déjà servi, se composait de toasts de tarama et de demi-langoustes recouvertes d'une sauce rose, accompagnés de champagne rosé qui fraîchissait dans un seau à glace. Ma femme apparut alors, divine dans une jolie robe rose pâle très sexy, et me tendit un petit paquet-cadeau couleur saumon.

— Qu'est-ce qui me vaut cet honneur ? demandai-je, ravi.

Son regard se troubla d'un voile d'inquiétude.

— Mais chéri, c'est notre anniversaire de mariage aujourd'hui !

J'avais complètement oublié, je n'avais aucun cadeau à offrir, aucune excuse et rien d'autre à proposer que mes bras ballants et ma mine désolée, rouge de honte au milieu de tout ce rose.

Le golden boy

Mon épouse partage beaucoup de choses avec son amie Martine, une femme sensible et intelligente qui sait rire des mésaventures qui lui arrivent parfois, notamment avec les hommes. Lors d'un après-midi de vacances, elle nous parla de Maurice, avec qui elle avait eu une relation l'espace de quelques mois.

Il était parti dans la vie avec pas mal de handicaps : un mètre cinquante-huit (mais il en annonçait toujours cinq de plus), des jambes très courtes, un tronc allongé surmonté d'une grosse tête avec bien peu de cheveux. Conscient que son physique ne concordait pas avec les modèles en vigueur, il avait décidé, vers vingt-cinq ans, que le bronzage constituait l'atout de séduction numéro un de l'homme, symbole de bonne santé et de réussite financière.

Dès lors, il l'entretenait par tous les moyens : cabines UV, crèmes autobronzantes, séjours au soleil. En se regardant, il se trouvait très beau à côté des autres mâles pâlots. Avec sa chemise blanche largement ouverte, il rayonnait. En se concentrant sur ce détail qu'il estimait essentiel, il réussit à ne plus voir le reste et à oublier son physique difficile. Et cette confiance retrouvée lui permit de remporter de nombreux succès féminins.

Elle était, à vrai dire, renforcée par sa brillante carrière de *self-made-man*. Maurice avait connu la dureté du départ d'Algérie en pleine enfance heureuse. Installés à Marseille, ses parents avaient dû se serrer la ceinture pour subsister et il avait compris qu'il lui faudrait rapidement trouver un travail. Au prix de nombreux efforts, il obtint un BTS commercial et trouva un emploi dans une grande surface comme vendeur d'électroménager. Où sa force de conviction spontanée se révéla une alliée précieuse. Il vendait beaucoup plus que ses collègues, le tout avec une facilité déconcertante, trouvant instinctivement le ton juste apte à convaincre chaque client. Il n'hésitait pas parfois à se montrer assez direct. Le style suggestif du genre : « Est-ce que ce modèle vous conviendrait ? » n'était pas sa tasse de thé ; lui préférait asséner des « Si vous n'achetez pas cet appareil-là, vous faites une erreur », inversant les rôles pour se mettre en position de force. Toutefois, Maurice savait y mettre les formes afin d'éviter que ses interlocuteurs ne se sentent forcés d'acheter. Et, neuf fois sur dix, sa méthode fonctionnait à merveille.

Il devint rapidement le premier vendeur du magasin, augmentant ainsi son salaire. Ce qui lui permit de mettre de l'argent de côté afin de concrétiser son rêve : fonder sa propre entreprise. Lorsque les premiers téléphones mobiles grand public débarquèrent sur le marché, Maurice sut investir au bon moment : il ouvrit l'une des premières boutiques de vente et de réparation de portables, bientôt suivie d'une deuxième, d'une troisième, et ainsi de suite. Dix ans plus tard, il se trouvait à la tête d'un réseau national comptant plus de trois mille employés.

Chaque minute était occupée par son travail et sa réussite. « Quand je pense d'où je suis parti », disait-il souvent. Mais, à part son métier, il ne s'intéressait à rien : incapable d'écouter les autres, il préférait répéter en boucle l'histoire de son succès, ne s'arrêtant qu'après avoir obtenu des signes d'approbation et d'admiration. Il attendait de ses interlocuteurs qu'ils lui délivrent les bonnes notes que ses professeurs avaient oublié de lui accorder à l'école. Certains étaient rebutés par ce comportement, d'autres se montraient au contraire fascinés par son assurance.

Martine fut de ceux-là. Nommée directrice de l'agence bancaire où Maurice avait ses comptes personnels, elle lui proposa de le rencontrer, comme elle le faisait pour tous les clients importants. Au premier regard, le *golden boy* fut conquis par le sourire éclatant de la jeune femme. Grande, élancée, avec ses cheveux blonds coupés au carré, son petit foulard en soie discrètement noué autour du cou et ses traits fins, elle dégageait une noblesse certaine qui le fascina. Il eut sans doute l'impression qu'en la séduisant, il accéderait à une forme d'aristocratie sociale, rendant sa réussite encore plus éclatante.

Un déjeuner, un bouquet de roses et trois dîners plus tard, Martine se laissa tenter par un week-end à Londres. Qu'elle nous raconta dans le détail, non sans pouffer.

Confortablement installée en première classe dans l'Eurostar, elle se sentait impatiente de découvrir la capitale anglaise.

— Au fait, tu parles bien l'anglais ? lui demanda-t-elle tandis que le train venait d'entrer dans le tunnel.

— Tu sais, je passe mes journées au téléphone à négocier en anglais avec mes fournisseurs suédois, japonais, coréens ou chinois, alors...

— Tu as de la chance, moi je suis restée au niveau scolaire et je n'ai pas pratiqué depuis longtemps. J'espère que ça reviendra facilement.

— Oh... ce n'est pas si difficile. Il suffit de s'y mettre et ça vient tout seul.

— De toute façon, tu m'aideras si je ne m'en sors pas ! Au fait, quel hôtel as-tu réservé pour notre séjour ?

— Je m'en suis occupé personnellement, car je voulais ce qu'il y a de mieux. J'ai eu du mal car tout était complet. Mais, en insistant, en anglais bien sûr, j'ai réussi à obtenir une des meilleures chambres du Dorchester. Ce n'est pas la catégorie la plus haute comme je le voulais, mais tu verras, tu y seras comme une princesse. Même la reine d'Angleterre n'est pas aussi bien installée !

Maurice multiplia les annonces alléchantes durant le trajet : dîner prévu dans le meilleur restaurant londonien, séance de shopping chez Harrod's, limousine... Martine se demandait si ce n'était pas un peu excessif, mais une partie d'elle se révélait séduite par cet étalage de luxe.

En arrivant à l'hôtel, Maurice lui prit fièrement le bras et l'entraîna dans le carrousel, commentant la beauté des lieux, puis vers le comptoir afin d'accomplir les formalités d'usage. Ayant fait le nécessaire, le réceptionniste s'adressa à Maurice :

— *Do you want to be upgraded, Sir ? It will make no difference for you.*

Malgré ses affirmations, Maurice ne parlait pas très bien la langue de Shakespeare. Il avait délégué depuis longtemps les contacts internationaux à ses équipes d'acheteurs et ne travaillait qu'en français. Ne comprenant pas ce que l'employé lui voulait, il préféra répondre :

— *No thank you, it is OK.*

L'employé, étonné, baissa légèrement ses lunettes, se tourna vers un collègue derrière lui et lui adressa quelques mots. Le jeune homme s'approcha alors de Maurice avec un sourire courtois :

— Peut-être puis-je me permettre de vous traduire la proposition de mon collègue, monsieur. L'hôtel vous propose de vous surclasser, c'est-à-dire de vous donner une chambre supérieure à celle que vous aviez réservée, sans aucun supplément.

Maurice se lissa le crâne tandis que Martine s'écartait du comptoir.

Depuis, elle le revoit moins. Non pas à cause de ce petit péché d'orgueil mal placé que l'on peut tous commettre, mais pour des raisons personnelles qui ne me regardent pas. Quant à moi, en mon for intérieur, je songe avec compassion à la petite honte que le pauvre Maurice a endurée ce jour-là.

Les deux voisines

Un ami me raconta récemment une histoire dont avait été témoin sa sœur, concierge dans un immeuble bourgeois de Versailles, où logeaient les familles Biot et Thiers. Les Biot habitaient au cinquième étage sur l'avenue côté sud, les Thiers au premier sur cour côté nord. Pour les uns, vue dégagée et soleil, pour les autres, vis-à-vis et peu de lumière. Et entre les deux, un gouffre.

Antoine Biot était dentiste, Charles Thiers expert-comptable. Les deux hommes se croisaient rarement et leurs rapports se limitaient généralement à un petit signe de tête en guise de bonjour. Mais il en allait tout autrement de leurs femmes : Jeanne Biot et Maud Thiers se détestaient depuis leur première rencontre dans l'escalier, dix ans plus tôt.

De fait, tout semblait les opposer. Jeanne cultivait avec beaucoup de soin sa ressemblance lointaine avec Marilyn Monroe. À force de pratique et d'heures de brushing, elle avait même réussi à reproduire la coiffure blonde de la célèbre actrice. Toujours perchée sur des hauts talons afin de compenser son mètre cinquante-huit, elle portait des petites robes sexy qui attiraient tous les regards. Son nez retroussé, ses yeux bleus et son air candide achevaient de lui donner beaucoup de charme.

Maud, qui prétendait au titre de la plus belle femme du quartier, ne supportait pas cette rivale. Grande brune au visage fin et aux beaux yeux noirs, elle jouait la carte de la beauté mystérieuse et envoûtante. Pour lui plaire, son mari l'appelait souvent Mona, en référence à l'énigmatique Mona Lisa de Léonard de Vinci dont le sourire continue de fasciner le monde. En comparaison à sa sophistication recherchée, Maud trouvait évidemment l'apparence de Jeanne particulièrement vulgaire et clinquante. Cette dernière le lui rendait bien, en l'assimilant à une vieille bigote desséchée.

Du fait de leur rivalité, elles s'ignoraient royalement lorsqu'elles se croisaient. Mais cela ne les empêchait pas de multiplier les mesquineries, qu'il s'agisse de bloquer longuement l'ascenseur pour gêner l'autre ou de ne surtout pas tenir la porte à celle qui arrivait derrière.

Si des visiteurs cherchaient l'appartement de la famille honnie, Jeanne Biot lançait à la cantonade :

— Je ne connais pas l'étage, mais je sais que c'est au fond de la cour.

Quant à Maud Thiers, elle indiquait :

— C'est au dernier, juste en dessous des chambres de service.

À plusieurs reprises, le facteur commit des erreurs dans l'attribution du courrier. Ainsi, du courrier des Biot arrivait chez les Thiers et réciproquement. Chaque fois, les deux camps adoptèrent la même méthode : ouvrir le courrier des rivaux – par inadvertance, bien sûr – puis agir.

S'il s'agissait d'un message agréable comme une invitation, la destruction s'imposait. Les morceaux déchirés étaient roulés en boule dans du papier journal puis ensevelis sous des épluchures afin de ne pas être repérés dans la poubelle.

Mais si l'enveloppe contenait un relevé bancaire avec découvert, un impayé de charges de copropriété ou une lettre intime de la famille, les représailles étaient différentes. Le pli ouvert était remis avec un bref mot d'excuse chez la gardienne, de façon à bien montrer que tout l'immeuble en avait profité. Jeanne Biot poussait le raffinement jusqu'à utiliser une ordonnance de son mari pour rédiger le courrier.

Chacune s'observait et le moindre événement engendrait une riposte immédiate. Le jour où Jeanne Biot aperçut Maud Thiers avec le dernier sac à mains à la mode en toile beige, elle faillit en faire une jaunisse. Un mois plus tard, elle fit une entrée triomphante dans le hall de l'immeuble, paradant sous les yeux de son adversaire avec un sac de la même marque mais en cuir et deux fois plus grand.

Quand les Thiers changèrent de voiture pour une 407 Peugeot flambant neuve, les Biot achetèrent une 607 toutes options. Cette compétition incessante était accrue par le fait que la femme de ménage des Biot et celle des Thiers se connaissaient et rapportaient scrupuleusement l'actualité de l'autre famille. Les Thiers apprirent ainsi que les Biot avaient commandé une télévision avec écran plasma. Maud interrogea son employée pour en connaître la dimension et s'empressa d'acquérir un modèle bien plus grand. Elle prit soin de ne surtout pas plier le carton en le descendant, prétextant que cela pourrait toujours servir à des malheureux. Bien évidemment, elle voulait avant tout s'assurer que sa voisine verrait bien l'emballage, avec les caractéristiques de l'écran, sur le trottoir de l'immeuble. Ulcérée, Jeanne répliqua en envoyant son mari acheter un *home-cinéma* et en lui intimant l'ordre de bien laisser le carton de chaque enceinte devant la porte.

Chaque mois ou presque apportait son lot d'événements similaires. Mais, en juillet 2008, Maud marqua une victoire écrasante sur son adversaire. Depuis longtemps, Jeanne savait par sa femme de ménage que les Thiers recevaient régulièrement Patrick S., animateur d'un célèbre talk-show télévisé. Elle avait fini par apprendre qu'il était le cousin de Maud et Jeanne se montrait contrite de ne pas pouvoir rivaliser sur ce plan, faute de compter une personnalité dans sa propre famille.

La veille d'un dîner prévu avec l'animateur chez les Thiers, les Biot avaient invité de nombreux amis pour un dîner fastueux avec petits fours, champagne, fruits de mer, etc. Le lendemain, la maison était en désordre et Jeanne décida de s'attaquer au rangement. C'était un dimanche, la femme de ménage était en congé et avec la chaleur de l'été, les restes de crustacés commençaient à sentir mauvais. Une fois la cuisine rangée, elle se décida à descendre les deux gros sacs d'ordures dans le local à poubelles de l'immeuble. Sa matinée de ménage l'avait exténuée, elle n'avait pas eu le temps de faire son fameux brushing Marilyn et portait un simple jogging en coton et des ballerines, à mille lieues de ses robes et de ses talons hauts habituels.

En sortant de l'ascenseur avec ses sacs, dont l'un dégoulinait, elle se retrouva nez à nez avec Maud Thiers et son cousin, le fameux Patrick S. Maud eut un geste de recul et de dégoût en sentant les effluves de crevettes plus très fraîches. Superbe dans sa robe de satin, elle toisa sa rivale des pieds à la tête avec un regard méprisant. En entrant dans l'ascenseur, elle interpella son cousin suffisamment fort pour que Jeanne en profite :

— Excuse-moi pour ces odeurs nauséabondes de poubelles, il y a des gens qui ne savent pas se tenir !

Patrick S. reprit à la cantonade :

— L'escalier de service, bon sang, à quoi ça sert ?

Quelques semaines plus tard, les Biot déménagèrent.

Très cher souvenir

Aussi incongru que cela puisse paraître, il s'avère tout à fait possible d'attraper la grippe en plein été. J'en ai personnellement fait l'expérience une année, durant de grandes vacances passées avec des amis à Nice. Les symptômes ne laissaient guère de doute sur la maladie dont je souffrais, mais je voulus quand même essayer de profiter du séjour et ne pas plomber l'ambiance du groupe en restant seul à me reposer – ce qui aurait pourtant été la meilleure chose à faire.

Ce jour-là, après un déjeuner copieux, un des membres de la troupe proposa d'aller prendre un verre au bar d'un célèbre quatre étoiles de la Promenade des Anglais. L'endroit se voulait chic et haut de gamme, mais je ne m'y sentis pas bien : trop chaud, trop de monde, trop snob. Avachi sur un canapé mauve, je transpirais, toussant et éternuant toutes les deux minutes. Pour ne rien arranger, je n'avais plus de mouchoir en papier, ce qui me contraignait à réutiliser le même depuis un bon moment.

D'autres amis nous rejoignirent et s'approchèrent pour me faire la bise quand je leur fis signe de ne pas s'avancer davantage, expliquant que j'étais malade et ne voulais pas les contaminer. Ils ne se firent pas prier et allèrent s'installer à l'autre bout de la grande table.

— Dis-moi, ça fait longtemps que tu as cette crève ? demanda Jean-Claude.

— Oui, je la traîne depuis huit jours et ça dégénère en grippe. C'est donc très contagieux.

Il se recula un peu plus sur son siège, affichant une moue discrète mais agaçante.

— C'est fou ce que les virus sont fréquents en ce moment, repris-je. Je lisais récemment un article de l'OMS qui racontait qu'en vingt ans, trente nouvelles maladies sont apparues, pour lesquelles nous n'avons aucun traitement : Ebola, sida, maladie de Creutzfeld-Jacob et bien d'autres. L'enfer ! Mais ça pourrait être pire : imagine que, demain, un virus comme celui du sida se propage par la salive. Ce serait un véritable carnage.

Jean-Claude se crispa et afficha un air inquiet :

— Tu as sans doute raison. De toute façon, les hommes sont comme les poulets. Plus on les entasse, plus les épidémies se propagent. Regarde la grippe aviaire : des millions de volailles sont mortes en quelques jours à cause du virus qui s'est répandu comme une traînée de poudre !

La grippe me rendait sans doute plus susceptible qu'à l'accoutumée, en tout cas je n'appréciais pas vraiment d'être comparé à un poulet. Surtout à une époque où je trouvais mes jambes trop fines et mon ventre trop gros. Décidé à couper court à cette conversation, j'eus envie d'employer l'ironie et m'approchai de lui pour mieux me faire comprendre.

— Si une épidémie mondiale se propageait, lançai-je, la seule solution serait de s'isoler sur une île déserte avec des vivres et d'attendre que ça passe. Aux Maldives ou aux Seychelles, on peut louer des îles à l'année, paraît-il. Nous devrions peut-être commencer à nous cotiser.

J'avais de plus en plus chaud, j'étais pris de frissons et éprouvais une terrible envie de dormir. Jean-Claude, visiblement insensible à mes inflexions sarcastiques, renchérit :

— Quand on pense que la grippe espagnole a fait vingt millions de morts, tu imagines ce que ça donnerait aujourd'hui ? Sans doute des centaines de millions ! Que ferions-nous ? Ce serait peut-être la fin de notre civilisation.

Hochant la tête pour suggérer que j'étais d'accord, je décidai de quitter les lieux et fis signe au serveur de m'apporter l'addition. En me tournant vers lui, j'aperçus un superbe cendrier en cristal arborant le nom de l'hôtel. Je ne fumais pas, mais je me dis – sans doute perturbé par la fièvre – que ce bel objet ferait un porte-savon élégant dans ma salle de bains. Et je le mis discrètement dans ma poche, certain que personne ne m'avait remarqué.

Quelques minutes plus tard, le garçon ne m'avait toujours pas apporté la note. Or j'étais encore plus impatient de rentrer depuis que j'avais subtilisé le cendrier. Je lui refis signe et le serveur m'apporta enfin un petit livret en cuir. Il sourit en me la tendant. En découvrant le ticket, je vis les deux lignes de la note :

« Six consommations : 45 euros ;

Un cendrier grand modèle cristal : 110 euros. »

Tout rouge, je glissai ma carte bleue dans le livret et partis discrètement payer vers le bar. Une nouvelle suée me glaça le dos.

Boomerang

Un matin, en arrivant au bureau, je croisai Chloé, une collègue habituellement enjouée et souriante qui affichait ce jour-là un air contrit. Je lui demandai si tout allait bien, elle répondit du bout des lèvres que non, sans en dire davantage. En insistant, j'obtins qu'elle me racontât ce qui la contrariait durant le déjeuner.

Une fois installés à table, elle m'expliqua que tout avait commencé quinze jours auparavant, alors qu'elle se trouvait chez le coiffeur avec sa copine Anne.

— Tu sais qui j'ai croisé hier : Daphné Pivert ! lui disait celle-ci. Quelle prétentieuse, celle-là, une vraie pimbêche. Elle a pris un de ces coups de vieux ! Son chirurgien esthétique l'a massacrée ; elle est tellement tirée qu'on dirait une momie. Au lieu de lui enlever dix ans, il les a rajoutés ! C'est à se demander s'il a voulu se venger d'elle... Quand je pense au prix qu'elle a dû payer pour arriver à ce résultat, c'est à mourir de rire. Et toi, tu l'as vue depuis son lifting ?

— Euh, moui, je l'ai aperçue mais ça ne m'a pas choquée.

— Attends de la voir de près, reprit Anne. Au fait, tu sais qu'elle s'est fait larguer par son mec ? Cela ne m'étonne pas, elle est imbuvable. Je comprends qu'il soit parti vite fait. De toute façon, cela faisait des mois qu'elle était cocue, tout le monde était au courant sauf elle. La rumeur prétend qu'il restait avec elle parce qu'elle lui offrait sans cesse des cadeaux, des voyages, et ainsi de suite. Mais, à cause de la crise, elle a eu des problèmes avec son agence et a dû commencer à radiner. Résultat, il est parti ! Ça en fait un gigolo, tu ne trouves pas ? En plus, il avait le physique de l'emploi, non ?

— Maintenant que tu me le dis, c'est vrai qu'il en avait un peu l'allure...

Les commérages durèrent ainsi pendant une heure, le temps que les colorations capillaires des deux amies se terminent. Anne ne cessait de critiquer Daphné Pivert, contre qui elle avait manifestement une dent. Chloé ne partageait pas du tout son point de vue, mais n'osait pas la contredire. En effet, elle admirait Anne, qui avait épousé un magnat des médias et apparaissait régulièrement dans les magazines people. Chloé était parfaitement consciente du caractère un peu futile de la fascination qu'Anne exerçait sur elle, mais elle ne pouvait s'empêcher de rechercher sa compagnie, d'abonder systématiquement dans son sens, et parfois même d'imiter sa façon de s'habiller ou de s'exprimer.

Pour autant, ce qu'Anne avait proféré sur Daphné Pivert se montrait non seulement méchant, mais surtout très éloigné de la réalité. Daphné restait une très jolie femme, n'avait jamais subi de chirurgie esthétique et réussissait très bien dans la vie. Certes, elle venait de se séparer de son compagnon, mais c'était elle qui avait provoqué la rupture à la suite d'une rencontre avec un musicien de talent. D'après ce que Chloé savait, ce nouveau couple démarrait d'ailleurs sur les chapeaux de roues. De même, ses prétendues difficultés professionnelles ne correspondaient à rien : Daphné venait au contraire d'ouvrir deux nouvelles agences en province et fourmillait de projets de développement.

En résumé, les propos d'Anne découlaient à l'évidence d'une jalousie idiote et sans doute gratuite. Un peu honteuse de sa faiblesse, Chloé n'avait pas songé un instant à prendre la défense de Daphné Pivert, ou au moins à tempérer les paroles de son amie médisante. Elle s'était contentée de ne pas en rajouter et d'approuver du bout des lèvres. Pourtant, Daphné Pivert l'avait énormément aidée quand Chloé avait ouvert son cabinet médical, lui adressant de nombreux amis afin de se constituer une clientèle... La moindre des choses aurait donc été de la défendre un minimum, au risque de froisser Anne. Chloé ne l'avait pas fait et s'en désolait.

— Cela peut arriver, lui dis-je afin de la rassurer. Nous avons tous été un jour dans cette situation, tu ne crois pas ?

— Sans doute, répondit-elle. Mais tu ne sais pas encore ce qui s'est passé hier soir...

Poursuivant son récit, elle me raconta que quelques jours après cet épisode, elle avait reçu un appel de Daphné l'invitant à une soirée chez elle. Elle s'y rendit, découvrant une maison splendide, décorée avec goût et simplicité. Elle eut en outre le plaisir d'y retrouver bon nombre de ses clients. Elle s'apprêtait donc à passer une soirée délicieuse quand, une fois installée à table, elle reconnut face à elle une jeune femme élégante qui était assise à sa droite chez le coiffeur quinze jours plus tôt. Un sourire énigmatique aux lèvres, elle s'adressa à Chloé :

— Je pense que nous nous connaissons, lui dit-elle.

— Vous... vous croyez ? bredouilla Chloé. Je ne crois pas me souvenir de vous mais, vous savez, à Paris, on rencontre tellement de monde...

Son interlocutrice la dévisageait avec dureté, comme elle l'aurait fait pour identifier un malfrat parmi plusieurs suspects.

— Ça y est, j'ai trouvé, reprit-elle. Vous étiez assise à côté de moi chez le coiffeur. J'avoue que j'ai suivi avec beaucoup d'intérêt votre conversation. Vous m'en excuserez, je m'ennuyais un peu et votre dialogue était passionnant Au fait, je me présente : je suis Jocelyne Pivert, la sœur de Daphné.

Depuis, Chloé ne s'en remettait pas. La honte la taraudait. Et j'ai eu beau essayer de l'apaiser en lui racontant mes propres petites lâchetés, elle ne parvenait pas à se pardonner.

Santé !

Avant même la mésaventure qui m'est arrivée, il y a quelques années, je n'étais pas particulièrement attiré par les mariages. Généralement, je m'y ennuie profondément, du vin d'honneur guindé où l'on se bourre machinalement de petits fours gras au dîner interminable dont le menu, composé de termes prétentieux et compliqués, présente à lui seul des vertus soporifiques. Le pire se produit habituellement au moment des discours des uns et des autres, systématiquement trop longs, rarement palpitants et trop souvent ponctués de « Santé ! » à répétition.

Peut-être ai-je été malchanceux, mais je n'ai jamais assisté à un mariage respirant réellement la spontanéité et la joie de vivre, notions qui devraient pourtant constituer la priorité d'un événement aussi important. Mais entre le stress ressenti par les mariés et les convives engoncés dans des tenues qu'ils n'ont pas l'habitude de porter, je constate que le naturel s'enfuit au galop sans avoir besoin qu'on le chasse. La fête menace alors de se transformer en pièce de théâtre interprétée par de mauvais acteurs qui se forcent.

Pour peu qu'on ne soit qu'un ami ou un parent éloigné des heureux élus, on se retrouve assis à une table d'inconnus, débitant des banalités en poussant la voix afin de tenter de couvrir la musique et le bruit ambiant, liant ainsi connaissance avec des gens qu'on ne reverra jamais.

Fort de cette vision des choses, je n'étais pas particulièrement enthousiaste à l'idée de me rendre au mariage de lointains cousins dans la région de Lyon. Je me demandais d'ailleurs ce qui m'avait poussé à répondre positivement à l'invitation reçue. Je m'y sentais d'une certaine façon obligé et cela s'avérait d'autant plus absurde que les parents du marié s'étaient sans doute eux-mêmes sentis forcés d'inviter toute la famille.

Dès le début de la cérémonie, je compris que ce mariage se montrerait conforme à mes prévisions les plus pessimistes. Pour ne rien arranger, la mariée n'était même pas jolie à regarder, le cocktail se déroula sous une chaleur étouffante et, au dîner, le hasard du plan de table me plaça au milieu de parfaits inconnus. Qui plus est le repas s'éternisa.

Après la traditionnelle pièce montée et les applaudissements d'usage, l'orchestre finit par entamer une sorte de valse. Contre toute attente, ma voisine, qui s'était montrée plutôt effacée jusque-là, me proposa d'aller danser. Ne tenant pas à passer pour un rabat-joie, je la suivis sans enthousiasme. Je me dirigeais vers la piste quand, brutalement, je butai sur un sac à main posé entre deux tables. Évitant la chute d'extrême justesse, je réussis à me rétablir mais me tordis violemment la cheville, laissant échapper un cri de douleur.

Tous les regards se tournèrent vers moi et ma cavalière se précipita, m'aidant à me remettre debout en me demandant si je ne m'étais pas blessé.

— Tout va très bien, lançai-je à voix haute afin de rassurer ceux qui me fixaient. Je ne me suis pas fait mal du tout !

Je mentais, bien sûr : ma cheville droite me faisait atrocement souffrir.

— Plus de peur que de mal ! dit ma partenaire.

— Oui, oui, c'est cela. Allons danser maintenant.

Je marchai vers les autres danseurs, faisant d'énormes efforts pour ne pas boiter et paraître tout à fait naturel, mais je sentais que ma cheville commençait à enfler. J'entendis murmurer dans la foule :

— Le pauvre, il a dû se faire du mal.

Ma démarche ne devait pas paraître aussi assurée que je l'espérais. Au moins, j'avais désormais atteint la piste, et je me suis mis à danser maladroitement, presque à cloche-pied. Ma cavalière repéra que j'avais peine à la suivre.

— Venez vous rasseoir, dit-elle avec douceur, vous avez dû vous faire mal. Ce n'est pas grave, ce sera pour la prochaine fois.

Je m'apprêtais à approuver quand ma cheville me trahit : refusant de souffrir davantage, ma jambe céda sous mon poids et, brusquement, je tombai en arrière, entraînant ma partenaire qui roula sur le côté, provoquant la chute de la mariée et l'affolement général.

Depuis, chaque fois que je reçois un pli ressemblant à un faire-part de mariage, j'ai l'impression d'avoir des picotements dans les jambes...

Les fleurs du mal

Je ne suis pas le seul à être en froid avec les cérémonies de mariage : ma cousine Sophie les redoute encore plus que moi, surtout depuis l'été 2008 où elle a assisté à l'union de son amie Nathalie avec un ingénieur prénommé Mathieu. Or, quand Sophie m'a raconté ce qui s'était passé, elle a présenté l'incident comme le moment le plus gênant de toute son existence.

Le simple fait de se rendre à la cérémonie l'avait déjà mise mal à l'aise : à trente-neuf ans, elle était encore célibataire et elle craignait donc de passer pour la vieille fille de service. En outre, elle s'en voulait d'espérer malgré elle faire une rencontre à cette occasion. En tout cas, elle avait cassé sa tirelire pour s'offrir une superbe robe, augmentant ses chances de rencontrer le prince charmant. En s'observant dans cette tenue, elle s'était sentie rassurée :

grande, blonde et élancée, elle se répétait qu'elle ne faisait pas du tout son âge. Reste qu'il y avait urgence à trouver un mari.

Cet impératif s'avérait d'autant plus pressant que Sophie ne supportait pas l'idée de donner raison à sa mère. Durant son enfance, celle-ci lui rabâchait sans cesse :

— Avec ton mauvais caractère, personne ne voudra de toi plus tard et tu finiras vieille fille comme ta tante Agathe !

Les remarques fusaient à tout bout de champ et sous tous les prétextes : quand elle refusait de mettre la table, de ranger sa chambre, d'enlever ses chaussures mouillées en entrant dans la maison... À l'âge adulte, les choses s'étaient un peu calmées, mais quand Sophie eut vingt-cinq ans, sa mère lui offrit un chapeau ridicule en lui lançant :

— Comme prévu, tu fêtes la Sainte-Catherine, ce qui te déclare officiellement vieille fille !

Profondément agacée, Sophie répliqua du tac au tac :

— Je n'ai pas du tout l'intention de me marier et je suis très bien comme ça.

Mais quoi qu'elle en dise, sa mère avait mis le ver dans le fruit et, après chaque rupture sentimentale, Sophie se montrait un peu plus angoissée à l'idée de finir seule. Pour ne rien arranger, ses amies s'étaient toutes mariées les unes après les autres. Au début, elle avait profité pleinement de chaque fête mais, désormais, elle incarnait la copine impossible à caser qui reste seule sur la banquette parce que personne ne l'invite à danser.

Le mariage de Nathalie promettait donc d'être un grand moment d'angoisse et de solitude... à moins qu'une rencontre imprévue ne vienne l'égayer. En arrivant au dîner, Sophie s'empressa de regarder à quelle table elle se trouvait, espérant être agréablement surprise par son voisin. Las, elle était placée à la table « Nénuphar », dont la moyenne d'âge devait s'établir à soixante-cinq ans, Sophie incluse. En découvrant les cheveux permanentés, les frisettes bleutées et les ventres bedonnants des convives déjà assis, elle eut un pincement au cœur, mais fut bien forcée de s'installer entre une dame qui venait d'être grand-mère et un ex-ingénieur à l'oreille un peu dure. Il était d'ailleurs en train d'expliquer que, cette même année, l'avait vu devenir veuf et préretraité.

Le dîner se déroula comme prévu, long et ennuyeux. Heureusement, les plats servis s'avéraient délicieux, tout comme le champagne qui l'étourdissait un peu. À la table voisine, de jeunes couples riaient très fort et sous n'importe quel prétexte, contrastant avec les quelques mots échangés mollement par les vieux à demi assoupis de « Nénuphar ».

À minuit et demi, n'y tenant plus, Sophie décida de s'éclipser. Les sempiternels choux à la crème et la visite éclair de la mariée qui jouait de son décolleté et des frous-frous de sa robe avaient achevé de l'agacer. Une fois dans le hall du château où se déroulaient les festivités, elle ressentit un vrai soulagement : le silence, la fraîcheur du lieu, les belles fleurs sur l'allée centrale lui firent du bien.

Il lui vint alors une idée saugrenue, sans trop qu'elle sache pourquoi. D'un coup d'œil, elle vérifia qu'elle était seule, puis se précipita sur les bouquets pour les dépouiller et emporter les plus belles roses, comme s'il s'agissait de véritables trophées. Elle était même mue par une sorte de jubilation enfantine en détruisant les bouquets si soignés, arrachant frénétiquement les fleurs de la mousse humide et se disant qu'elles feraient merveille dans son appartement.

Elle concentrait toute son attention à ne pas se piquer avec les épines quand, soudain, elle entendit un pas qui se rapprochait. C'était la mariée qui sortait des toilettes situées juste à côté.

Nathalie lui lança :

— Tu nous quittes déjà ? Quel dommage ! On

commence à bien s'amuser et en plus tu vas rater le spectacle surprise. Viens donc danser avec nous !

Prise au dépourvu, Sophie rougit en bredouillant :

— Non, tu es très gentille, mais demain matin je dois me lever tôt, je pars à la campagne.

La mariée fit une petite moue afin de montrer qu'elle ne la croyait pas un seul instant. Elle s'approcha d'elle pour lui dire au revoir en ouvrant les bras :

— Oh ! Mais je n'arrive pas à t'embrasser, j'ai peur d'accrocher ma robe avec cette énorme gerbe de fleurs que tu as dans les bras.

Elle lui fit un rapide au revoir de la main puis se retourna, découvrant au même instant les présentations florales dévastées.

Dans les escaliers

J'avais emménagé depuis quelques jours seulement dans un nouvel appartement lorsque je fis la connaissance de Marc et Caroline Garnier, mes voisins de palier. Ils me parurent d'autant plus charmants que ma précédente voisine était une vieille dame acariâtre quasi sourde qui semblait déterminée à pousser toujours plus loin le volume de son téléviseur.

Rien de tel chez les Garnier, qui se montraient aimables et discrets. Marc fit toutefois une exception le jour où Caroline lui annonça qu'elle était enceinte : ses cris de joie retentirent dans tout l'immeuble. De fait, ils tentaient d'avoir un enfant depuis leur mariage un an plus tôt, et cette fois ça y était ! Le test que Caroline venait d'effectuer montrait deux petites bandes bleues bien nettes : elle était vraiment enceinte.

Marc prit tout de suite son rôle de futur père

très à cœur. Il demanda au rédacteur en chef du journal où il travaillait de ne plus couvrir l'actualité internationale afin de ne pas avoir à se déplacer à l'étranger. Ne supportant pas l'idée d'être éloigné de son épouse, il voulait savourer chaque instant de la grossesse, ne pas en perdre une miette. Il adorait observer Caroline lorsqu'elle sortait nue de la douche. Chaque jour constituait une découverte : il observait son petit ventre qui poussait, ses seins qui grossissaient et ses fesses qui devenaient plus voluptueuses. Bientôt, il s'attaqua à l'aménagement de la chambre du bébé et il n'était pas rare que je le croise, dans l'escalier, les bras chargés de paquets de toutes sortes : peluches, vêtements, biberons, accessoires...

Le jour J arriva sans prévenir. À trois heures du matin, Caroline se réveilla en criant, faisant sursauter son mari. Marc tâtonna dans le noir complet de la chambre pour essayer d'allumer la lampe de chevet. Dans sa précipitation, il la fit tomber mais, par chance, l'ampoule était intacte. À quatre pattes sur le plancher, il réussit enfin à allumer et découvrit Caroline toute pâle et transpirant beaucoup. Surtout, le drap était trempé sous ses jambes. À l'évidence, elle venait de perdre les eaux et il fallait se hâter de partir à la maternité.

Le travail démarrait une semaine avant la date prévue mais les Garnier savaient qu'il n'y avait aucune raison de s'inquiéter pour autant ; cela arrivait couramment. Marc tâcha donc de conserver son calme et de ne pas se laisser gagner par l'excitation. Il caressa tendrement le front de Caroline en lui disant que tout allait bien se passer, puis l'aida à s'habiller.

Ensuite, voyant qu'il ne retrouvait pas ses affaires de la veille, il enfila les premiers vêtements qui lui tombèrent sous la main : un gros pull de sport d'hiver et un jogging vert fluo. L'important était de partir sans tarder, peu importait l'allure qu'il aurait.

Une demi-heure plus tard, ils arrivèrent à la clinique. La sage-femme installa Caroline en salle de travail et demanda à Marc d'enfiler une tenue de papier bleu, une charlotte sur la tête, une petite blouse et des chaussons. Caroline éclata de rire en le voyant et il l'embrassa tendrement en lui serrant la main très fort.

Au bout de six heures, le bébé commençait à passer sa tête. La sage-femme, dont l'allure robuste et autoritaire contribuait à l'efficacité, encourageait Caroline à produire les derniers efforts nécessaires.

— Poussez ! Poussez madame ! Allez-y, c'est bientôt fini.

Caroline était livide et se sentait complètement épuisée.

— Non, n'arrêtez pas, reprit la sage-femme. Continuez. Poussez ! Poussez ! Voilà, c'est bien. Reprenez votre respiration. Respirez. Respirez profondément. Nous y sommes presque. Encore quelques efforts. Allez, allez, allez !

Marc sentait qu'il était près de défaillir. La lumière violente dirigée sur sa femme, le sang sur la table d'accouchement, la chaleur... il se cramponna pour ne pas s'évanouir.

— Encore un dernier effort, poursuivit la sage-femme. Allez ! Voilà, voilà ! Bravo ! C'est fait.

Un superbe bébé sortit en poussant de petits cris stridents.

— C'est une petite fille, et elle a déjà du caractère !

Le nourrisson gesticulait en effet dans tous les sens pour bien signaler sa présence. La sage-femme l'entoura avec précaution dans une grande serviette et le tendit comme un précieux cadeau au papa émerveillé.

— Tenez, c'est votre fille. Je crois qu'elle vous ressemble un peu.

Marc était aux anges, et toute l'équipe s'extasiait autour du petit être qui venait de naître. Caroline les regardait en souriant faiblement, exténuée.

— Comment allez-vous l'appeler ? questionna la sage-femme.

— Eva, répondit Marc, qui ne pouvait pas quitter sa fille des yeux.

Il allait se rapprocher de sa femme pour lui donner le bébé, mais une infirmière le précéda d'un geste brusque :

— Madame Garnier, madame Garnier ! Répondez ! Ça ne va pas ?

Caroline était devenue aussi blanche que les draps. Sa tête était inclinée sur le côté, elle semblait inconsciente.

La sage-femme se précipita.

— Vite, une tension !

— Combien ?

— Imprenable, trop basse !

Immédiatement, elle augmenta le débit de la perfusion et plaça une sonde d'oxygène dans le nez de Caroline, avant de hurler :

— Appelez le réanimateur tout de suite, vite ! Il est au bloc pour une césarienne. Dites-lui de descendre immédiatement.

Marc tenait toujours sa fille contre lui, mais ne comprenait pas ce qui se passait, tétanisé au milieu de l'équipe médicale qui s'agitait en tous sens.

Quelques instants plus tard, la porte de la salle de travail s'ouvrit brutalement en apportant une grande bouffée d'air frais dans la pièce surchauffée. Sans un mot, le médecin tenta de prendre la tension de Caroline, puis l'ausculta rapidement en recherchant le pouls à la base du cou. Son visage était grave et figé.

Marc se mit à paniquer et sortit de sa torpeur. Il s'approcha de sa femme pour lui parler :

— Caroline, ma chérie, qu'est-ce qui t'arrive ? Parle-moi. Tu m'entends ? Je suis là !

La sage-femme le tira en arrière et lui prit le bébé, puis un infirmier le saisit par le bras et le conduisit dans le couloir. Marc eut le temps d'entendre une sonnerie d'alerte se déclencher, puis le réanimateur crier :

— Vite le défibrillateur ! Elle fait un arrêt ! On charge...

L'infirmier referma la porte et l'entraîna un peu plus loin dans le couloir. Il l'aida à s'asseoir sur la première chaise qui se présentait et tenta de le rassurer, lui disant que sa femme était entre de bonnes mains.

L'équipe fit tout son possible pendant deux heures pour essayer de faire repartir le cœur de Caroline, sans succès. Lorsqu'il vit le médecin se diriger vers lui d'un pas lent, Marc comprit d'emblée ce qu'il en était.

— Je suis désolé, votre femme est décédée. Nous n'avons rien pu faire pour la sauver. Je pense qu'il s'agit d'une rupture d'anévrisme. Votre fille va bien, vous pouvez la voir si vous le souhaitez.

Pour toute réponse, Marc s'effondra sur le carrelage froid du couloir. Il se recourba comme un fœtus et se mit à pleurer, la tête dans les mains. Il n'entendait plus rien, le mélange violent de la vie et de la mort lui faisait perdre pied.

Quelques heures plus tard, Marc arriva devant chez lui, pâle, les yeux rouges, dans son pull de sport d'hiver et son jogging vert fluo. Sa fille était prise en charge par les puéricultrices de la maternité, il devait absolument récupérer des papiers pour effectuer les formalités de décès.

Le hasard fit que je sortis de mon appartement quand il s'apprêtait à entrer dans le sien. Au fil des mois, nous étions devenus amis et nous avions l'habitude d'échanger des plaisanteries légères quand nous nous croisions dans les escaliers. Je fus surpris de l'apercevoir dans cet accoutrement pour le moins original. Ne voyant pas son visage rougi par le drame qui le frappait et dont j'ignorais alors tout, je lui lançai :

— Dis donc Marc, c'est mardi gras aujourd'hui !

Et je fus surpris de le voir entrer chez lui sans me répondre, sans même se retourner pour me faire un signe de la tête.

TROISIÈME PARTIE

Au coin de la rue

« Une rue, c'est ce qui va quelque part. Ça marche de chaque côté de nous comme une procession. »

Paul Claudel

De prime abord, on pourrait penser que notre environnement quotidien est moins propice aux petites hontes, tant nous en connaissons les habitudes, les normes de politesse, les comportements admis ou bannis. À l'inverse, projetés du jour au lendemain dans une civilisation éloignée et inconnue, nous sommes certains de risquer à tout moment de commettre des impairs, attirant la moquerie ou la colère des autochtones. Erreur. Car si, au pied de notre immeuble ou au coin de notre rue, nous nous croyons à l'abri de ces désagréments, rien n'est moins certain. Car la honte présente une fâcheuse tendance à surgir là où on ne l'attend pas.

Le stress, l'impatience, le manque de temps et parfois, avouons-le, la vanité peuvent nous pousser à ignorer, l'espace d'un mince instant, les usages voire à les transgresser volontairement. Fréquemment, il s'agit seulement d'entorses mineures aux règles sociales, de micro-incivilités fugitives – un feu orange-rouge brûlé discrètement, un mouchoir jetable subrepticement lâché dans un caniveau faute de poubelle à proximité, un resquillage de rien du tout dans une file d'attente, etc. – mais combien, découverts, ils peuvent nous pourrir la vie !

Certes ces actes, tant qu'ils ne sont pas repérés, ne heurtent pas outre mesure nos principes et sont oubliés l'instant d'après... – ce qui facilite d'autant leur répétition – mais lorsqu'ils sont dévoilés ils nous mettent immédiatement mal à l'aise et nous font jurer de ne pas recommencer. Et pourtant... Un papier jeté par terre est-il plus ou moins polluant selon qu'il est vu par autrui ou non ? Pour la planète ou les services de nettoyage, sans doute pas, mais pour notre conscience et notre amour-propre, incontestablement.

La place assise

Ce matin-là, je devais me rendre à un congrès à l'autre bout de Paris et le trafic était interrompu sur la ligne de RER que je comptais prendre. Seule alternative possible : supporter trois changements de métro ou me résoudre à choisir la ligne de bus passant en bas de chez moi. J'optai pour cette option, me disant qu'elle me changerait de l'ordinaire.

En sortant de mon domicile, je vis que le bus se trouvait déjà à l'arrêt et que des gens en descendaient. Estimant qu'à cinquante ans j'étais encore capable de courir un cent mètres, je m'élançai, traversant la rue entre deux voitures qui klaxonnèrent. J'arrivai juste à temps pour frapper à la vitre alors que le bus allait repartir. Le chauffeur me regarda de haut, lui trônant sur son siège, moi en bas implorant des yeux l'ouverture des portes. Il m'observa un court instant et décida d'ouvrir, ce qu'il n'était pas obligé de faire.

— Merci beaucoup ! soufflai-je.

Il me répondit d'un grognement signifiant : Faudrait pas recommencer. Comme son regard avait croisé le mien, il n'aurait de toute façon pas pu faire autrement que de m'ouvrir, mais sa réaction me fit sentir qu'il s'y était résolu à contrecœur. La situation lui permettait d'exercer quelques secondes une sorte de pouvoir sur autrui. Protégé par un règlement administratif, il décidait ce que bon lui semblait. Ces quelques instants de toute-puissance lui procuraient sans doute un certain plaisir.

En avançant dans le bus, j'eus droit à quelques regards agacés, comme si j'avais gravement mis tout le monde en retard. Par chance, il restait une place assise, dans le sens de la marche en plus. Je m'y installai rapidement et me plongeai dans mon journal après avoir salué d'un signe de tête la passagère en face de moi, une femme avec une coupe au carré bien nette que j'imaginais institutrice.

À la station suivante, une foule de personnes monta et toutes durent se serrer les uns contre les autres. Pour ne rien arranger, il pleuvait : partout, des mains humides cherchaient à s'accrocher aux barres ou aux poignées des sièges, des impers dégoulinaient sur le sol, des parapluies se coinçaient dans les accoudoirs. Je n'étais pas mécontent d'être assis, bien tranquille, à l'abri de ce tumulte mouillé.

En levant les yeux, je vis qu'une femme aux cheveux blancs et imperméable gris se cramponnait à ma poignée, essayant de ne pas tomber malgré les soubresauts du bus. Elle devait avoir au moins quatre-vingts ans.

Bien sûr, il est poli de laisser sa place aux personnes âgées. Mais voilà, j'étais bien assis, j'avais un long trajet à faire et l'idée de me glisser parmi une forêt de manteaux humides ne me tentait pas une seconde.

Dès lors, j'optai pour la meilleure stratégie : replonger dans mon journal afin de donner l'impression que je ne l'avais pas vue. Mais, en le dépliant pour changer de page, je croisai le regard de la passagère d'en face, qui leva les yeux vers l'octogénaire pour bien me montrer qu'elle savait.

Tant pis. Je décidai quand même de me cacher derrière mon quotidien. Il n'y avait rien d'intéressant dans l'actualité mais je pris un air concentré. Si je terminais ma lecture trop vite, je risquais à nouveau de croiser son regard et de me retrouver pris au piège. Voyant que j'étais décidé à camper sur mes positions, l'institutrice prit l'initiative :

— Je vous en prie, madame, asseyez-vous, je vous cède ma place, dit-elle bien fort afin que tout le monde l'entende.

La vieille dame s'assit en la remerciant chaleureusement. À ce moment, je constatai qu'elle avait une canne que je n'avais pas remarquée auparavant. L'institutrice se tenait maintenant debout à côté de moi, à moitié coincée entre un homme corpulent et une poussette, sa main solidement serrée sur la barre au-dessus de ma tête. Ainsi placée, elle dominait ma calvitie naissante. Mal à l'aise, je me mis à transpirer un peu, sentant à nouveau des regards accusateurs peser sur moi. Furtivement, je scrutais les autres sièges dans l'espoir d'y dénicher un autre homme qui aurait pu, lui aussi, céder sa place par galanterie. L'idéal aurait été d'en repérer un plus jeune, genre ado, pour pouvoir le fixer à mon tour avec réprobation et lui renvoyer mon malaise.

Hélas, les places assises n'étaient occupées que par des femmes ou des hommes âgés. Pour me rattraper, je songeai à céder mon fauteuil à quelqu'un d'autre : il y avait bien un vieux monsieur debout dans le fond du bus, mais il était trop loin. Un « voulez-vous ma place ? » lancé à l'autre bout de la cabine aurait semblé bizarre.

Je continuai donc de faire semblant de lire mon journal, un étrange goût de petite honte dans la bouche.

L'INFIDÉLITÉ

J'adore aller chez mon boulanger. D'abord parce qu'il s'agit à mes yeux d'un très beau métier, ensuite parce qu'à force de se voir tous les jours, nous avons fini par mieux nous connaître. Lorsque nous avons un peu de temps devant nous, nous aimons commenter la politique ou les faits divers ; nous sourions en silence lorsqu'une vieille dame décide de payer sa baguette avec ses pièces jaunes, comptant et recomptant durant de longues minutes afin d'être sûre de ne pas se tromper ; et quand je lui demande un pain de campagne, il va toujours en chercher un tout chaud, juste sorti du four. Comme un petit signe d'affection entre lui et moi, puisqu'il sait à quel point j'apprécie le croustillant, l'odeur et le goût irremplaçables du pain frais.

Cette simple complicité, aussi anodine semble-t-elle, m'est plus précieuse qu'on ne pourrait l'imaginer : mes visites à la boulangerie sont en effet devenues pour moi un petit bonheur quotidien.

En me réveillant un matin, je découvris que mon réfrigérateur était complètement vide. Plus de lait, de beurre, de confiture, rien. Même pas de quoi faire un café. Déprimant, et intolérable pour moi qui ne supporte pas d'aller travailler sans avoir petit-déjeuné. Je décidai donc de foncer à la supérette du coin pour acheter le minimum vital. Malgré l'heure matinale, il y avait déjà du monde. Je fis donc la queue, attendant impatiemment derrière une dame au brushing très apprêté vidant soigneusement son chariot.

Je n'y prête habituellement pas attention, mais la lenteur de ses gestes et les précautions qu'elle prenait à déposer ses achats sur le tapis roulant comme s'il s'agissait de trésors attirèrent mon regard. Je me rendis alors compte à quel point le contenu d'un chariot pouvait révéler son intimité. Toutes ses petites habitudes, du pack de bière au déodorant, de la teinture pour cheveux au papier hygiénique parfumé jusqu'aux biscuits contre la constipation, s'étalaient devant mes yeux. En retour, je me demandai si j'avais déjà dévoilé aussi ouvertement des aspects de mon existence que j'aurais préféré garder pour moi ?

En tout cas, l'heure avançait et je risquais d'arriver en retard au bureau. Je décidai donc de faire une entorse à mes habitudes et de prendre une baguette dans le présentoir qui se trouvait près des caisses, faute d'avoir le temps de m'arrêter chez mon boulanger préféré.

Or, dix minutes plus tard, je passai sans y prêter attention devant ma boulangerie habituelle. Et, machinalement, je jetai un regard à l'intérieur de la vitrine. Et là, stupeur : j'aperçus nettement le boulanger fixer la baguette qui dépassait de mon sac. J'accélérai ma marche comme si je ne l'avais pas vu m'observer. Mais, en m'éloignant, je pouvais sentir son regard suivre l'objet du délit avec tristesse.

Et pour monsieur ?

Il m'arrive parfois de déjeuner seul dans un bistro qui se trouve au coin de ma rue. En règle générale, je feuillette le journal en attendant d'être servi, mais il arrive que mes voisins de table attirent mon attention. Un jour, je m'installai juste à côté d'un couple d'apparence banale. Ils devaient avoir environ soixante-dix ans, lui en costume usé comme s'il continuait encore à aller au bureau et elle, habillée tout en gris, sans la moindre fantaisie. Ils donnaient l'impression d'être assis là depuis une éternité, lisant et relisant le menu. La proximité de nos tables me forçait à entendre tout ce qu'ils se disaient.

— Tu as vu, commença le mari, il y a de l'omelette aux truffes aujourd'hui. Tu adores ça et moi aussi, si on en prenait ?

Sa femme le fixa sévèrement en esquissant un mouvement de tête.

— Arrête. Bien sûr que ce serait un plaisir, mais tu as vu le prix ? Tu sais très bien que ce n'est pas dans tes moyens ! Déjà que nous sommes obligés de nous priver pour aller au théâtre... Alors s'il te plaît, ne me tente pas pour rien !

Le ton de sa voix était si froid et dur que l'enthousiasme de l'homme tomba d'un coup. Il resserra son nœud de cravate et se racla la gorge en se courbant légèrement sur son assiette vide.

Bientôt, le garçon arriva pour prendre leur commande :

— Pour ces messieurs-dames qu'est-ce que ce sera ? Madame ?

— Je prendrai la formule à douze euros. En entrée, l'œuf mayonnaise, puis l'escalope à la crème et pour finir la mousse au chocolat.

— Comme boisson ?

— Une carafe d'eau.

— Et pour monsieur ?

— Eh bien... La formule également : des rillettes, puis la tête de veau et la crème caramel.

Sa femme se redressa en faisant signe au garçon de ne pas partir tout de suite.

— Enfin, tu n'y penses pas ! Avec ton cholestérol et ta goutte ! Tu n'écoutes rien de ce que te dit le médecin, tu n'es pas sérieux. Prends plutôt du poisson.

Il rougit en passant sa main dans ses cheveux clairsemés pour tenter de les lisser.

— Bon, donnez-moi les crudités, le merlan et la salade de fruits, reprit-il à contrecœur.

— Excusez-nous mais vous savez, mon mari..., conclut la vieille dame en souriant au serveur d'un air entendu.

Ce dernier haussa les sourcils et s'éclipsa, laissant mes deux voisins silencieux.

L'homme jouait nerveusement avec son pain en attendant les entrées. Au bout d'un moment, il sortit une boîte de cachets qu'il ouvrit avec quelque chose de résigné dans le geste, puis avala deux comprimés verts d'un coup sec. Peu après, l'œuf mayonnaise et les crudités arrivèrent. Celles-ci n'avaient rien de très engageant : quelques carottes râpées un peu sèches, des dés de betteraves parsemés de persil, trois rondelles de tomate translucides et du concombre nature.

Après avoir goûté un peu de concombre, le monsieur avisa une petite bouteille de ketchup sur ma table et me demanda du regard s'il pouvait l'utiliser. Je la lui tendis bien volontiers, songeant qu'un peu de cette sauce pourrait donner un côté plus festif à son entrée. Cette bouteille n'avait pas dû être utilisée depuis longtemps car le bouchon résista. L'homme commençait à transpirer, sa main glissait sur la bouteille. Il s'aida de sa serviette de table pour mieux saisir le goulot, insista, mais rien n'y faisait. Je le voyais serrer les mâchoires, le sang affluait à son visage mais il ne voulait pas s'avouer vaincu.

Sa femme l'observait du coin de l'œil depuis le début et, d'un geste discret, fit signe au garçon de venir.

— Pourriez-vous ouvrir le ketchup ?

Et d'ajouter, sans se rendre compte de la perfidie :

— Mon mari n'y arrive pas.

Le garçon lui prit la bouteille des mains à la façon de certains sommeliers qui vous sautent dessus lorsque vous avez le malheur d'essayer de vous servir seul au restaurant. En une seconde, le bouchon sauta en faisant un petit bruit sec. Alors le vieil homme étala un peu de ketchup sur son assiette, mais je devinais combien, d'un coup, il n'avait visiblement plus très faim.

La voiture neuve

Enfin ! Le concessionnaire vient de me téléphoner, la voiture que j'ai commandée il y a trois mois est arrivée, je peux venir la chercher. Sans attendre, j'appelle un taxi et me voilà parti. 17 heures 30, je suis pressé d'arriver mais je suis pris dans les embouteillages et le garage ferme à six heures. Ouf ! J'arrive à moins cinq, juste à temps pour signer les papiers et récupérer les clés.

Elle est là, elle m'attend : une superbe 207 CC gris métal, avec toit articulé qui se replie en quelques secondes, des sièges en cuir noir qui sentent bon le neuf et de nombreux gadgets dont je ne comprends pas le fonctionnement.

Peu importe, ce moment a quelque chose de magique. Je suis comme un enfant devant son premier train électrique. Je m'installe au volant et constate, un peu contrarié, que le compteur affiche

13,2 kilomètres. Une sensation désagréable m'envahit, comme si quelqu'un d'autre avait utilisé mon jouet avant moi. Je le fais remarquer au vendeur qui m'explique, l'air un peu surpris, que c'est normal : les essais, les circuits en usine... J'opine, un peu contrarié malgré tout. Pressé de terminer sa journée, il me montre rapidement les principales commandes et, cerise sur le gâteau, m'offre un gilet jaune et un triangle. Je l'écoute à peine, pressé d'essayer la merveille.

Quelques instants après, je sors du garage, fier et éprouvant un grand bonheur. Je roule décapoté malgré l'air frisquet, surveillant la réaction des passants pour voir si je fais des envieux. Je mets même la musique un peu fort, histoire de me faire remarquer encore plus.

J'arrive devant chez moi. Coup de chance, une place me tend les bras, me donnant l'occasion d'apprécier la précision de la direction assistée. Décidément, j'aime de plus en plus ce cabriolet. Arrivé dans mon appartement, je constate avec plaisir que ma femme vient de rentrer. J'agite les clés comme un véritable trophée. Elle comprend tout de suite et enfile une veste.

Au moment où nous sortons, la porte de l'ascenseur se referme sur le palier et je la bloque de justesse avec mon pied. Un couple se trouve dans la cabine. L'homme et la femme nous avaient sans doute vus mais n'étaient pas décidés à nous attendre. Nous nous serrons à quatre dans le mètre carré. Comme ils ont essayé de nous semer, nous les saluons à peine. C'est la première fois que nous les croisons : sans doute s'agit-il d'amis de nos voisins. L'ascenseur entame sa descente. L'ambiance est lourde, la femme a l'air d'une prétentieuse, lui fait vulgaire, leurs effluves de parfum se mélangent sans harmonie dans la cabine exiguë.

En sortant de l'immeuble, je passe devant eux, faisant exprès de ne pas retenir la porte cochère. Je ne peux pas m'empêcher d'apostropher ma femme très fort quand ils passent à côté de nous :

— Regarde un peu cette beauté, me vantai-je, en lui montrant la voiture rutilante.

Je tiens ma petite vengeance.

Nous nous installons à bord et, fièrement, j'ouvre le toit électrique de ma 207 toutes options. Au moment où je vais démarrer, j'aperçois juste devant le couple qui monte dans une voiture.

Une Porsche ! Et ils nous regardent l'air de dire : « Petit, va t'amuser plus loin, nous ne jouons pas dans la même cour. »

La charcutière

Rester sur son lieu de résidence habituel durant les mois d'été peut parfois conduire à des expériences étonnantes, comme ce fut le cas pour moi une année où j'avais décidé de profiter du mois d'août pour rénover mon appartement. Après une matinée particulièrement active, je m'accordai une pause. Il était midi et demi et j'étais affamé. Problème, il restait juste des pâtes et de la sauce tomate et je composais des variantes autour de ces ingrédients depuis déjà deux jours. La perspective d'une nouvelle assiette de tortellinis saupoudrées de persil vieillissant et de ma dernière tomate coupée en petits dés façon restaurant italien ne m'enchantait guère. Je n'avais plus le choix, je devais descendre faire les courses.

Mais pour cela, il fallait déjà trouver des commerçants ouverts en plein mois d'août à Paris.

Toutes les boutiques que j'avais l'habitude de fréquenter se révélaient « fermées pour congés annuels », comme l'indiquaient de petits écriteaux informant « l'aimable clientèle de la réouverture » vers la fin du mois. Il ne restait qu'un charcutier-traiteur que je n'appréciais pas beaucoup, soupçonnant une de ses salades de crevettes de m'avoir rendu malade quelques mois plus tôt. Deux jours de désagréments digestifs pour cinq minutes passées à manger des bouquets même pas bons : un bilan qui ne m'incitait pas à retourner chez ce commerçant.

Comme ce jour-là nous étions proches du cas de force majeure, je pris mon courage à deux mains et rejoignis la longue file d'attente qui s'étirait jusque dans la rue. Visiblement, je n'étais pas le seul à me rabattre par dépit sur ce magasin... Quelques tranches de pâté transpiraient dans une vitrine extérieure, ainsi que des salades préparées dont la mayonnaise commençait à tirer sur le brun. J'en venais à me demander comment ce charcutier avait pu obtenir le diplôme du meilleur boudin de la foire de Montélimar qui trônait au-dessus de la caisse.

Mon tour arriva, et je me retrouvai d'un coup devant le grand linéaire réfrigéré, sans la moindre idée de ce que j'allais acheter.

— Et pour monsieur, qu'est-ce que ce sera ? me demanda une vendeuse rougeaude.

Je commençai à observer les plats préparés ayant l'air récents, jetant au passage un coup d'œil sur les prix particulièrement élevés. Je n'avais pas terminé mon inspection que déjà la vendeuse montrait des signes d'impatience : elle fixait le client derrière moi en levant légèrement les yeux au ciel.

Pour gagner du temps, je décidai de lui demander vingt rondelles de saucisson coupées très fines. Et, histoire de ne pas paraître radin, je précisai que c'était pour l'apéritif. Comme ça, je l'occupais, ce qui me laissait le temps de choisir tranquillement.

— Comme ça l'épaisseur ? dit-elle en me montrant une tranche de saucisson assez mince avec ce quelque chose dans le regard voulant dire : « Y'a intérêt ! »

Sentant l'agacement me gagner, je lui lançai un :

— Plus fin si vous pouvez !

J'espérais ainsi faire coup double : gagner encore du temps et passer pour un connaisseur qui sait ce qu'il veut.

Elle découpa les tranches en agitant sa main devant son visage comme si elle avait trop chaud. Je m'attendais à la voir s'essuyer le front avec les doigts avant de saisir les tranches de saucisson pour les mettre dans du papier, mais elle m'épargna cet épisode. Après avoir terminé, elle enchaîna, sur un ton qui me sembla teinté d'agressivité :

— Et ensuite ?

— Des carottes râpées.

Un basique que j'aimais bien et sur lequel je ne risquais pas trop de mauvaises surprises.

Elle me montra un récipient en plastique blanc trop grand.

— Comme ça ?

— Non, plus petit.

— Vous êtes combien ?

— Je suis tout seul.

— Ah.

Comme il n'y avait qu'une vendeuse, tout le monde profitait de notre échange passionnant. J'avais donc maintenant l'impression de passer auprès des autres clients pour un homme isolé, ne connaissant personne avec qui partager son déjeuner.

— Et ensuite ?

— Un œuf en gelée.

Elle emballa l'œuf en gelée dans un petit carton comme si elle préparait un colis pour une personne hospitalisée.

— Et ensuite ? reprit-elle encore.

— Ce sera tout, merci.

Elle plaça les différents paquets dans un sac plastique et me tendit mon ticket sans ajouter quoi que ce soit.

La caisse, qui se trouvait sur la gauche du magasin, était tenue par la patronne. Aucun doute là-dessus : permanente impeccable, bijoux en or, blouse blanche en nylon, elle était parfaite.

Elle me dit à peine bonjour et ne m'adressa pas un regard en prenant mon ticket de sept euros cinquante. De fait, toute son attention était concentrée vers une cliente qui venait d'entrer et se dirigeait droit vers elle comme si la file d'attente n'existait pas.

— Bonjour madame Guibert ! s'exclama la caissière. Votre commande est prête.

La patronne souriait tant qu'elle pouvait. D'un geste, elle fit signe à la vendeuse de s'arrêter de servir pour aller chercher tout de suite la commande de la fameuse Mme Guibert.

— Alors, M. Guibert se porte bien ?

— Très bien, merci.

Afin de ne pas me faire totalement éclipser par la nouvelle venue visiblement plus importante que moi, client qui ne méritait même pas un regard, je tendis à la patronne un billet de dix euros. Absorbée par la conversation sur les résultats scolaires du fils Guibert et par l'irruption de la vendeuse portant d'énormes paquets, elle le prit mécaniquement et me rendit la monnaie.

Je vis tout de suite qu'elle s'était trompée, car elle me tendit deux billets de vingt et deux euros cinquante. Elle avait confondu mon billet de dix avec un billet de cinquante. Dans tout autre contexte, je lui aurais signalé son erreur. Mais entre l'intoxication aux crevettes pas fraîches, l'impatience de la vendeuse et le manque de considération de la caissière, je décidai de ne rien dire, profitant de cette erreur en ma faveur. Je ramassai donc la monnaie en regardant ailleurs, comme si je n'avais pas fait attention, et me dirigeai rapidement vers la sortie.

Au moment de franchir la porte, une voix forte m'interpella.

— Monsieur, s'il vous plaît !

La caissière agitait mon billet de dix euros devant elle.

— Excusez-moi, mais je me suis trompée. Je vous ai rendu la monnaie sur cinquante alors que vous m'avez donné dix. Heureusement que je garde toujours le billet du dernier client en travers sur le dessus du tiroir-caisse !

Je revins sur mes pas sous les yeux médusés de la vendeuse. Toute la boutique me fixait dans un silence lourd et profond. Je tendis les deux billets bleus à la caissière qui les prit sans me dire un mot, sans un sourire ni même un merci.

Le lavabo

Il existe une loi dite de Murphy, qui suppose que tout ce qui peut aller mal ira mal à un moment donné, de préférence en même temps. J'en eus la preuve un jour de février.

Sortant d'un déjeuner d'affaires qui s'était éternisé, je devais regagner rapidement mon bureau et ne pris même pas le temps d'aller aux toilettes. Regagnant ma voiture en hâte, je trouvai un PV coincé sous l'essuie-glace côté conducteur. Agacé, je démarrai, m'insérant dans le trafic particulièrement dense.

Dix minutes plus tard, le moteur toussa, puis cala. Impossible de redémarrer. Poussant tant bien que mal ma voiture sur le bas-côté, je reçus soudain de grosses gouttes de pluie, qui se changèrent rapidement en véritable déluge. Je ne savais pas où m'abriter et cette averse venait de réveiller mon envie plus que pressante.

J'aperçus une brasserie de l'autre côté de la rue et m'y précipitai. Je fus tenté de foncer directement vers les toilettes mais je ne voulais pas donner l'impression d'être entré juste pour ça. Je m'assis donc à une table libre, me tortillant pour essayer de trouver une position soulageant un peu ma vessie.

Le garçon fut long à venir. Je commandai enfin un café et me levai, mais je ne vis rien qui indiquait les W.-C. D'un geste las, le patron m'indiqua une petite porte sur le côté gauche du comptoir.

Je fonçai, grillant de peu la politesse à un autre homme. L'intérieur des W.-C. était pour le moins repoussant : des gouttes d'urine sur le sol et la lunette, le rouleau de papier trop déroulé et froissé. Peu m'importait : quel bonheur de faire pipi après une telle envie. Une joie simple, une sensation de légèreté et de perfection.

Enfin soulagé, je m'apprêtais à tirer la chasse d'eau mais le bouton luisant me dégoûta. C'était décidément trop sale, je décidai d'en rester là. Je sortis en ouvrant la porte avec ma chaussure pour ne pas avoir à toucher la poignée. Instinctivement je me dirigeai vers le lavabo pour me laver les mains : nouveau désastre. Un vieux savon jaune tout sec, une serviette éponge humide et un robinet fuyant plein de tartre.

Tant pis, ce serait pour la prochaine fois. En sortant, je croisai le regard de l'homme qui attendait après moi. Il était du style très soigné, costume impeccable et pince à cravate. Il regarda le lavabo que je n'avais pas utilisé, poussa la porte des toilettes et fixa le fond de la cuvette pleine d'urine et le papier hygiénique déroulé et froissé.

Il se retourna et me fixa, l'air dégoûté et accusateur, en refermant la porte d'un bruit sec...

L'EMBOUTEILLAGE

Il est six heures, un mardi soir d'hiver. Je suis coincé rue de Rivoli dans un énorme embouteillage, le tout sous une pluie battante. Cela fait trois fois que j'entends les mêmes informations à la radio. Je bascule sur le lecteur CD mais, très vite, je suis énervé par ces musiques que je connais trop bien. Mon pare-brise est couvert de buée. J'actionne la ventilation à fond mais rien n'y fait. J'entrouvre ma vitre, sans plus de succès. Ne voyant plus rien, j'essuie le pare-brise avec un vieux mouchoir en papier qui dessine un barbouillage. Je parviens juste à dégager un petit espace de sécurité afin de voir l'essentiel.

Je rêve de pouvoir me garer, mais il n'y a évidemment aucune place en vue. D'un côté, le couloir de bus – tentant mais risqué –, de l'autre rien du tout. Je repense à une scène à laquelle j'ai assisté depuis la fenêtre ouverte de mon bureau. Le conducteur d'une vieille Renault 5 grise toute cabossée était en train de se garer. Il finissait tout juste son créneau quand une BMW noire s'arrêta juste à côté. Le conducteur de la « béhème » baissa la vitre et tendit un billet de vingt euros au conducteur de la R5.

— Vingt euros pour ta place ?

Après un temps d'hésitation, une main sortit de la Renault et saisit le billet avant de libérer l'emplacement de stationnement. Sur le moment, j'avais été choqué par ces manières, mais ce mardi soir, j'aurais été prêt à faire n'importe quoi pour sortir de cet espace clos.

Comme d'autres conducteurs, j'essaie de choisir la bonne file afin de gagner un peu de temps. En vain car cela change sans arrêt. Pire, je suis dépassé régulièrement par des piétons qui regardent les voitures avec une sorte de satisfaction. Ma frustration et mon énervement grimpent d'un cran.

Si j'observe les autres véhicules coincés dans l'embouteillage, je constate que la plupart des gens sont seuls dans leur voiture, que certains se grattent la tête, que d'autres s'étirent, que d'autres encore tapotent nerveusement leur volant ou se penchent par la fenêtre pour essayer de voir si la circulation se dégage plus loin.

Au bout d'un moment, je suis tellement

désœuvré que – attitude classique en voiture – je décide de faire le ménage dans mon nez. J'ai d'ailleurs toujours été surpris par un détail anatomique à ce sujet : chez chaque individu, le diamètre de la dernière phalange de l'index est parfaitement adapté à la taille de la narine. Mettre son doigt dans le nez d'un autre illustrerait tout de suite ce détail : il serait trop petit ou impossible à faire rentrer. Hélas, la vie moderne n'offre que peu d'occasions de pratiquer ce genre d'exercices... On peut en revanche vérifier d'autres particularités anatomiques amusantes, comme par exemple le fait que l'avant-bras mesure exactement la même taille que le pied. Ceci dit, c'est moins facile à vérifier en voiture que le rapport index/narine.

Bref, j'ai le doigt dans le nez, convoitant un petit morceau tout sec au fond de ma narine droite. Que je finis par attraper, content de mieux respirer. Surtout, il n'y a plus de risque que ce petit bout tombe tout seul n'importe où, n'importe quand. Je me demande même de quelle façon m'en débarrasser quand, soudain, je constate que la buée a disparu de ma vitre. Et qu'une Mini se trouve juste à ma hauteur, portière contre portière. À l'intérieur, une jeune femme me regarde et, à son air écœuré, je perçois instinctivement qu'elle m'observe depuis plusieurs dizaines de secondes.

Dommage, elle était très jolie avec son petit pull clair et ses longs cheveux.

Le mauvais exemple

Cette année-là, l'été se montrait particulièrement chaud et lourd, si bien que tous les moyens étaient bons pour se rafraîchir un peu. Les vendeurs de climatiseurs se frottaient les mains, tout comme les marchands de glaces dont les magasins ne désemplissaient pas. L'alignement des bacs colorés, la liste des parfums, la perspective de la sensation de frais étaient trop tentants.

La vague de chaleur s'était abattue sur la France depuis quelques jours déjà quand je passai à mon tour devant la vitrine d'un glacier. Beaucoup de clients étaient assis à l'intérieur et semblaient attendre qu'on les serve, mais il n'y avait personne au comptoir extérieur.

— Bonjour, pourriez-vous me donner une glace, s'il vous plaît ?

— Quel parfum ? répondit la vendeuse, mécaniquement.

— Euh... chocolat et tiramisu.
— À emporter ou à consommer sur place ?

Les « sur place » attendaient qu'on les serve ou consultaient une grande carte plastifiée couverte de photos de glaces compliquées pleines de chantilly et surmontées de petits parasols en papier. La vendeuse semblait seule pour s'occuper de tout le monde, donc j'allais passer devant eux alors que j'étais arrivé après, prenant un peu de leur temps sans le vouloir. Je n'aimais pas ces situations, ni de leur côté, ni du mien (encore qu'à choisir, je préférais ne pas avoir à attendre...). Le temps dont nous disposons au cours de notre existence est pour moi la chose la plus précieuse et chaque fois que j'ai l'impression de le perdre, je ressens un malaise certain. Cela explique le paradoxe des personnes âgées qui ne supportent pas de devoir patienter, alors qu'elles n'ont pas forcément de contraintes d'organisation. L'explication est simple : leur temps étant compté, elles vivent les moindres minutes d'attente comme un vol sur ce qui leur reste à vivre.

— À emporter ! dis-je donc, en apercevant une grand-mère montrant des signes d'impatience dans le fond de la salle.
— Deux boules ?
— Oui.

— Tenez. Trois euros, s'il vous plaît.
— Merci.

La vendeuse m'avait bien servi, c'était gentil de sa part, mais pas du tout pratique : le chocolat était écrasé dans le fond sous la trop grosse boule de tiramisu qui commençait à dégouliner le long du cornet. Récupérant d'un coup de langue ce qui coulait trop vite, je tentai d'égaliser et de limiter les dégâts. Malgré mes efforts, des gouttes de tiramisu fondu commençaient à tomber sur le trottoir. Je finis par atteindre le chocolat dans la pointe du cornet. Pour me faciliter la tâche, j'attaquai ce dernier, mais il était tout mou et présentait un goût de vieux paquet de gâteaux éventé.

Renonçant à terminer ma glace, je ne rêvais maintenant que d'une chose : me débarrasser d'urgence du cornet dégoulinant. Comme il n'y avait aucune poubelle en vue, je le jetai sur le trottoir, songeant que des oiseaux auraient tôt fait de se régaler. En relevant la tête, je vis sur le trottoir d'en face une mère et son petit garçon qui me regardaient. Rapidement, la mère se pencha à l'oreille de son fils. Qui me fixa avec mépris tout en plissant les lèvres.

QUATRIÈME PARTIE

En société

« La société est une merveilleuse machine qui permet aux bonnes gens d'être cruelles sans le savoir. »

Alain

Depuis l'enfance, par nos maladresses ou au coin de la rue, les petites hontes semblent capables de se glisser partout. Toutefois, la honte naissant avant tout dans le regard des autres, elle a d'autant plus de chance de se manifester que les autres sont nombreux. Dès lors, la vie en société constitue un terrain particulièrement propice aux embarras en tous genres.

Qu'il s'agisse du bureau, d'une salle de restaurant, d'une plage ou de son propre salon rempli d'invités, les lieux de vie sociale regorgent de chausse-trappes : les bons usages exigent en effet qu'on s'y montre toujours irréprochable. Très tôt, nous sommes conditionnés pour y faire bonne figure et le moindre faux pas peut nous mettre mal à l'aise.

Ainsi, mettre un jean, prendre un coup de soleil ou transpirer par une journée chaude n'ont a priori rien de déshonorant. Mais arriver en jean dans une soirée où tout le monde est en costume, débarquer au travail avec une énorme rougeur sur le nez ou découvrir que l'on sent la transpiration avant un rendez-vous amoureux se révèlent beaucoup plus gênants.

Et comme en société il n'est pas rare qu'un individu plus ou moins bienveillant insiste lourdement sur l'objet de notre honte, quitte à la transformer carrément en humiliation, imaginez ce que l'on ressent. « L'être humain est ainsi fait », diront les uns. « Les moqueurs feraient bien de se méfier, rétorqueront les autres, car leur tour viendra aussi ». À vous de juger à qui les histoires qui suivent donnent raison.

Bolée d'air

Lorsque les Lefèvre m'ont proposé de venir passer un week-end dans leur maison de campagne près de Nevers, je me suis senti un peu obligé d'accepter. Au départ, l'idée ne m'enchantait pas vraiment, mais, après tout, comme je ne connaissais ni la région, ni leurs amis, c'était l'occasion d'essayer.

Je me retrouvai donc un vendredi soir dans les bouchons à la sortie de Paris. À ce rythme, je risquais de mettre au moins quatre heures pour arriver à destination, bien loin des deux heures porte à porte annoncées par mes hôtes dans leur exposé touristique des joies de la Nièvre.

Il est d'ailleurs curieux de constater à quel point les possesseurs d'une maison de campagne sont unanimes dans leurs descriptions des lieux, comme s'ils doutaient de leur choix et avaient besoin de se rassurer. « Il y a un vrai microclimat », affirment les uns ; « Depuis que nous avons acheté, les prix ont doublé », ajoutent les autres ; « Cela fait vraiment du bien de prendre un bol d'air pur le week-end, ça change de Paris ! » assènent-ils encore.

Si je parvenais un jour à m'extraire de cet embouteillage, j'allais donc rejoindre la caste des spectateurs de maisons de campagne, venus échanger un repas et une chambre contre des applaudissements et des compliments aux propriétaires.

Je finis par arriver vers vingt-trois heures, découvrant une maison charmante et proprette. Après la visite des lieux, nous nous retrouvâmes tous au salon. Cinq couples en tenue de week-end, quelques enfants qui tournaient en rond. Ambiance plate. J'avais l'impression de perdre mon temps et j'aurais voulu rejoindre ma chambre pour lire, mais je pouvais difficilement m'isoler sans passer pour un sauvage.

Sentant peut-être qu'il fallait meubler un peu la soirée, la maîtresse de maison proposa d'ouvrir les cadeaux apportés par les invités. Elle alla chercher les nombreux paquets et les posa sur la table basse du salon. Quand je vis alors différentes boîtes portant le logo de marques connues et luxueuses, je me sentis franchement « moyen » avec ma bouteille de vin emballée dans du papier de soie froissé.

Notre hôtesse commença à ouvrir les cadeaux en poussant des exclamations :

— Oh, des verres en cristal, ils sont magnifiques, il ne fallait pas.

Puis :

— Et cette carafe, qu'est-ce qu'elle est jolie ! Vous êtes fous, je suis gênée...

Mon tour arriva :

— Oh, mais voilà une bonne bouteille, commenta la maîtresse de maison.

Je ne sais pas si elle dit cela sincèrement à cause d'un manque total de connaissance des alcools de qualité ou par dérision, mais je sentis que dans l'assistance personne n'était dupe. Surtout lorsqu'elle reposa la bouteille sur la table basse et que je vis le prix resté collé dessus, bien visible : 5,30 euros.

Il y eut un instant de flottement mais personne ne fit de commentaire. Nous passâmes en silence au cadeau suivant qui avait l'air somptueux... tandis que je m'efforçais de faire front.

PRINCE-DE-GALLES

Ce matin, je suis en retard, comme d'habitude. Je suis censé arriver au travail à neuf heures trente mais il est déjà presque dix heures, et j'ai encore traîné pour des petits riens. N'ayant plus le temps de réfléchir, je m'habille à toute vitesse, remettant le même prince-de-galles ton sur ton que la veille. D'ailleurs, je m'y sens mieux que dans tout autre costume. En l'enfilant, j'ai l'impression d'être plus beau, plus élancé, plus sûr de moi. Avec lui, je n'ai que de bons souvenirs puisque chaque fois que je le porte, les choses marchent bien. Une sorte de porte-bonheur en somme.

Catastrophe, une fois au bureau, je constate, en allant me laver les mains, qu'une tache de gras orne le bas de la veste. La veille, au restaurant, une feuille de salade récalcitrante a projeté de la sauce alors que j'essayais de la saisir. J'ai même failli éclabousser Élise, ma nouvelle assistante, qui a beaucoup ri en voyant la trace sur le costume. Et j'ai oublié. Que faire ?

Vu l'heure, il est hors de question de retourner chez moi me changer. Si quelqu'un remarque quelque chose, je pourrai toujours feindre l'étonnement ou prétendre que je viens de me tacher. Quant à Élise, elle aura sûrement la politesse de ne rien dire.

L'après-midi, mon client préféré, Hector Lambert, débarque à l'improviste. Je commence par parler de tout et de rien pour créer une sorte de sas de décompression avant d'aborder les questions habituelles, quand je constate qu'il fixe mon veston avec instance.

— Tiens, vous vous êtes taché ! me dit-il.

Sa remarque m'énerve, il aurait pu s'abstenir. Du coup, je me sens déstabilisé, comme si cette souillure sur ma veste se propageait sur moi, me faisant passer pour un homme un peu douteux, qui n'inspire pas confiance.

Espérant couper court, je réponds hypocritement :

— Ah oui, tiens ! Je n'avais pas remarqué, je viens sûrement de me tacher sans m'en apercevoir.

Élise, qui a tout entendu, réplique alors immédiatement :

— Mais non, rappelez-vous : hier au restaurant, vous avez même failli m'éclabousser avec la vinaigrette. Après, vous avez essayé de nettoyer avec de l'eau chaude mais vos essais ont aggravé les choses.

Je l'ai foudroyée du regard, bredouillant quelques mots avant de passer à autre chose. Et, depuis, je n'ai plus jamais remis le costume prince-de-galles.

Codes secrets

N'en déplaise aux sites Internet de rencontres qui prétendent proposer à leurs adhérents des personnes en phase avec leur personnalité, il me semble que les relations de couple comportent souvent une grande part d'irrationnel. Parfois, en arrivant dans une soirée où je connais peu de monde, je m'amuse à essayer de savoir qui est avec qui et je me trompe quasiment tout le temps. De fait, nous connaissons tous dans notre entourage des couples paraissant mal assortis mais qui fonctionnent. Comme quoi !

Ainsi, je déjeune régulièrement avec Bertrand et Sophie, des amis très unis, sans avoir encore compris ce qu'ils faisaient ensemble. Elle est toute en finesse et beauté, lui souvent lourd et laid. Elle est archi-cultivée et pleine d'esprit, lui se gave de blockbusters et profère quantité de jugements caricaturaux. Bref, leur entente constitue une sorte d'énigme tant ils se révèlent différents l'un de l'autre.

Un jour où nous avions particulièrement traîné à table, nous nous sommes retrouvés presque seuls dans un restaurant, au milieu des miettes et des taches de vins maculant la nappe blanche. J'attendais un troisième café, nous discutions des différences entre la façon dont on se perçoit et la réalité, et je soutenais que chacun cherche plus ou moins consciemment à enjoliver un peu la vérité.

— Imaginez que vous contrôliez la taille réelle des gens qui présentent leurs passeports à l'aéroport, pérorais-je. Dans 90 % des cas, la taille annoncée est fausse : chaque personne s'ajoute en moyenne entre deux et trois centimètres. En plus, quand l'âge avance, nous nous tassons. Or, jamais quiconque ne tient compte de ces centimètres perdus, ce qui fait qu'à quatre-vingts ans, il peut y avoir un décalage allant jusqu'à sept centimètres entre la hauteur écrite sur un papier d'identité et la réalité.

— Pareil pour l'âge, ajouta Bertrand. On se trouve toujours plus jeune que ceux nés la même année que soi.

— Les perceptions dominent, repris-je. Un obèse qui devient mince continue à avoir des gestes de gros. De même, un type amputé d'un membre peut continuer à ressentir une douleur dans ce membre disparu. Cela provient de l'aire de l'espace corporel dans le cerveau : elle induit un décalage constant avec la réalité.

Sans m'en apercevoir, j'avais essayé de me mettre en avant tout au long du repas, peut-être pour attirer Sophie et souligner par là le côté banal et un peu rustre de Bertrand. J'avais d'ailleurs remarqué à plusieurs reprises qu'elle le fixait curieusement, même s'il semblait ne rien noter. S'agissait-il d'un jeu entre eux, d'une sorte de code invisible comme il en existe dans un couple pour se transmettre des messages avec élégance et discrétion ? Ou commençait-elle simplement à s'interroger sur son ami ?

En arrivant le soir chez moi, je me sentis complètement exténué. Le repas avait été lourd, j'avais somnolé tout l'après-midi au bureau et je n'avais qu'une idée : me rafraîchir et me relaxer tranquillement. Je suis entré dans la salle de bains et mon premier geste a été de me regarder dans le miroir. J'ai alors découvert un petit bout de salade coincé entre deux dents. Un sale petit bout vert foncé qui recouvrait partiellement une incisive, me donnant un air de pirate édenté. Il s'agissait sans aucun doute d'un vestige de l'entrée du déjeuner, une trace avec laquelle je m'étais promené toute la journée sans que personne ne m'alerte. Je devais avoir l'air sale et ridicule. Qui plus est, je comprenais mieux le comportement de Sophie : loin de s'interroger sur les qualités de Bertrand, elle lui signalait avec complicité mon morceau de salade...

Une question de style

Parmi les transformations qui touchent les individus aisés entre quarante et cinquante ans, la conversion à la pratique du golf occupe une place notoire. Les uns après les autres, de nombreux membres de mon entourage sont devenus accros à ce sport et se sont mis à en faire la promotion à chaque occasion. Comme par exemple Louis, un ami dentiste, à qui je racontais avoir passé les vacances d'été près de Bordeaux, alternant balades à pied ou en vélo et visite des châteaux aux alentours.

— Tu devrais te mettre au golf, me dit-il, c'est le rêve. Imagine des paysages superbes et infinis, la plénitude. Tu passes des heures à te concentrer sur ton swing, ton choix de club, ton putting, loin du stress et des tracas quotidiens. Tu revis. À chaque parcours, tu t'épanouis davantage. En plus, tu rencontres des gens formidables, sans esprit de compétition.

Plus tard, ce fut mon voisin, avec qui je parlais d'un week-end passé à Étretat, vantant les mérites de l'escalope Vallée d'Auge et du cidre normand, qui m'en fit à son tour l'apologie :

— Avez-vous essayé le parcours de golf au sommet des falaises ? C'est spectaculaire ! Vous avez la sensation de jouer entre le ciel et la terre. On domine la mer, cela donne l'impression d'envoyer les balles vers l'infini !

— Non. Je ne fais pas de golf.

Il sembla navré pour moi.

— C'est vraiment dommage d'aller à Étretat sans jouer au golf, conclut-il. Vous ne savez pas ce que vous manquez !

Après de multiples conversations comme celle-ci, je finis par avoir la désagréable impression de devoir me mettre moi aussi au golf, sans quoi je raterais quelque chose d'essentiel. Je me rendis donc dans un magasin spécialisé afin d'acheter l'équipement complet, sans me douter de ce qui m'attendait : la série de fers, le driver, les bois de parcours, le putter, les tees, les balles, le sac, le chariot...

La vendeuse, assez douée, distillait savamment les termes techniques compliqués que je ne connaissais pas. N'osant pas lui avouer mon ignorance, j'approuvais ses conseils d'un air entendu, contribuant à faire grimper une facture déjà astronomique.

Tout cela avait un petit air de déjà-vu : j'avais en effet acheté un ordinateur portable quelques semaines plus tôt et le vendeur avait, lui aussi, essayé de m'expliquer les différences entre les modèles à grands coups de gigas, de processeurs double-cœur et de résolution d'écran. Il se serait exprimé en chinois, le résultat aurait été le même. Aussi, j'avais fini par acheter un modèle en fonction du poids et du look... Fort cher, évidemment.

Dans le cas présent, je me contentais d'accepter les suggestions de la vendeuse. Une fois que tout le matériel fut choisi, elle me toisa des pieds à la tête.

— Vous avez déjà une tenue pour jouer ? me lança-t-elle. Vous ne comptez pas y aller habillé comme ça, je suppose !

Je rougis en regardant mon jean. Voyant qu'elle tenait une proie facile, elle se précipita :

— Il vous faut absolument *la* tenue. Ne bougez pas, je reviens tout de suite.

Cinq minutes plus tard, elle réapparut, les bras chargés de vêtements, et m'entraîna vers la cabine d'essayage. Une fois habillé, ou plutôt déguisé, je ne pus m'empêcher de sourire en m'observant dans une glace. Le pantalon aurait tout à fait convenu à Tintin, les chaussures à franges me faisaient penser à Davy Crockett, le gant en cuir perforé valait le prix d'une paire entière, la chemise à petits carreaux faisait très retour de chasse et la casquette vert foncé apportait la touche finale à un tableau tout à fait ridicule.

La jeune femme s'extasia :

— Vous êtes parfait ! Là, vous êtes le vrai golfeur. Il ne faut surtout rien changer, vous avez l'air d'un pro.

J'étais sceptique, mais comme elle était forcément plus au fait que moi des canons en vigueur sur les greens, je me laissai convaincre et quittai le magasin les bras encombrés d'innombrables paquets et le compte en banque sérieusement allégé. Au moins, j'aurais tout le nécessaire pour la première leçon prévue le dimanche suivant.

En arrivant au club dans ma tenue toute neuve, j'étais loin d'être à l'aise. L'hôtesse d'accueil appela le professeur, qui devait avoir une vingtaine d'années et portait un jean élimé et un tee-shirt usé jusqu'à la trame. Il me conduisit jusqu'au practice où attendaient cinq autres élèves, tous vêtus de façon décontractée.

Après un bref échauffement et quelques explications, nous nous lançâmes. J'étais le seul vrai débutant et cela se vit immédiatement : je ratais la balle trois fois sur quatre, frappant le tapis de practice avec un bruit sourd ou passant tout simplement au-dessus, finissant mon geste à moitié déséquilibré. J'avais la certitude d'être parfaitement ridicule avec mon déguisement et mon équipement digne de Tiger Woods alors que je me montrais le plus nul. Les autres eurent la politesse de ne pas émettre le moindre commentaire.

Une chose est sûre : le golf est un sport de gentlemen.

À COUPER LE SOUFFLE

De passage sur la Côte d'Azur, je ne manque jamais de rendre visite à mon ami Michel, qui habite une très belle maison avec jardin sur les hauteurs de Cannes. La dernière fois que je passai à l'improviste, un samedi après-midi, il était en pleins préparatifs pour une réception qu'il organisait le soir même. Sans hésiter, il me convia à sa fête avec enthousiasme. Je n'avais pas prévu de m'éterniser, mais le connaissant, il semblait inutile d'oser refuser.

Je revins donc vers vingt heures, découvrant de nombreuses voitures déjà stationnées devant la propriété. De la rue, on percevait le brouhaha des conversations dont se détachaient parfois de petits rires aigus ou des coupes de champagnes entrechoquées.

J'entrai, constatant sans grande surprise que je ne connaissais personne. Michel me fit un signe chaleureux de la main, en pleine discussion avec un groupe. Les gens avaient l'air de bien s'entendre. De mon côté, j'incarnais à la perfection le monsieur tout seul qui s'ennuie, sans personne avec qui discuter. J'essayai de m'approcher d'un cercle d'inconnus, souriant avec eux à l'histoire que racontait une grosse dame, mais personne ne fit attention à moi. Je ne pouvais pas en vouloir aux amis de Michel, étant moi-même assez mal à l'aise lorsque, dans une soirée, une personne que je n'avais jamais vue tentait de s'incruster discrètement dans mon propre cercle... mais quand même : devenir transparent n'avait rien d'agréable ni d'enviable.

Totalement désœuvré, j'allai me goinfrer au buffet, qui s'annonçait assez prometteur. Les convives faisant sagement la queue devant la partie salée, je les doublai en passant par le sucré. Tout le monde allait me trouver détestable, mais ce n'était pas grave puisque je ne connaissais personne !

Je décidai de manger uniquement des gâteaux. Dans les buffets, j'adore saisir une grande assiette sur la table du salé pour la remplir de desserts : ainsi, j'ai plus de place pour entasser les gâteaux sans que cela ne se remarque trop. Ce soir-là, j'étais le premier à entamer les pâtisseries. Poussant le sans-gêne jusqu'au bout, je puisai même des framboises dans la décoration et ne lésinai pas sur la taille des portions que je m'octroyais. Pour être franc, je dois avouer que la sensation de me servir avant tous les autres, comme si le buffet m'était réservé, me procura une sensation agréable !

L'assiette bien pleine, j'aperçus deux chaises libres près d'un guéridon, endroit parfait pour déguster confortablement mes douceurs. Abandonnant un instant mon butin sur la petite table, je repartis chercher une coupe de champagne puis je revins m'asseoir rapidement, de peur que quelqu'un ne prenne ma place. La chaise étant un peu basse, mon visage se trouvait à la hauteur des fesses des invités qui, dans leur quasi-majorité, bavardaient debout en grignotant du bout des lèvres, mais qu'importe : j'allais me consoler avec du sucré.

Je repensai alors aux surprises-parties des adolescents, dans lesquelles il y a toujours un garçon ou une fille qui restent un peu à l'écart, trop timides ou trop complexés par un aspect de leur physique pour se mêler aux autres. On les trouve généralement non loin du buffet, quand ils n'ont pas tout simplement un saladier rempli de bonbons sur les genoux... Dans mon cas, si c'était une simple assiette, le principe semblait similaire. Les desserts ne se révélèrent pas très bons, mais je résolus de tous les finir, comme lorsqu'on fait un sort à un paquet de biscuits à l'occasion d'un coup de blues par un après-midi pluvieux.

— Vous permettez ?

La voix qui me tira de mes réflexions émanait d'une femme qui sollicitait la permission de s'asseoir à côté de moi.

— Avec plaisir, prenez place, dis-je entre deux bouchées de moelleux au chocolat qui n'avait de moelleux que le nom.

Elle posa son assiette à côté de la mienne : sept radis, cinq asperges et trois rondelles de tomates, disposés avec simplicité et élégance. Une sorte de décor japonais à côté duquel mon amas de gâteaux, crèmes et autres mousses dégoulinantes ressemblait à une écuelle, pour ne pas dire une auge.

L'inconnue ne sembla pas se formaliser pour autant et engagea immédiatement la conversation. Elle s'enquit des personnes que je connaissais – un sujet vite épuisé –, de l'endroit où j'habitais, de mon signe du zodiaque. Flatté par l'intérêt qu'elle me portait, je partis dans de grandes explications, qu'elle écoutait avec attention et enthousiasme.

Cependant, quelque chose me gênait : chaque fois que je parlais, elle avait tendance à se retirer un peu en arrière. Le bruit ambiant montant d'un cran, je me rapprochais alors d'elle, mais elle s'écartait à nouveau de quelques centimètres. Je ne comprenais pas la contradiction : d'un côté, elle éprouvait visiblement du plaisir à discuter avec moi, de l'autre elle compliquait la conversation en s'éloignant sans cesse, nous obligeant l'un et l'autre à parler de plus en plus fort.

Je finis par m'approcher plus encore. Cette fois, elle ne recula pas mais détourna légèrement son visage tandis que ses narines se resserraient dans un mouvement presque imperceptible. Je venais enfin de comprendre avec horreur que j'avais sans doute mauvaise haleine.

Aussitôt, je me levai en m'excusant et fonçai vers les toilettes. En poussant le verrou, seul dans cette petite pièce, je me sentis mieux, avec l'impression de retrouver un peu de calme et de silence. Soufflant fort dans ma manche de veste et inspirant tout de suite après à l'intérieur, je ne pus que constater le désastre : j'avais effectivement une haleine épouvantable, quelque part entre le poivron et la fumée de cigare froide.

Ne pouvant pas rejoindre ma cavalière d'un soir ainsi, je tentai d'améliorer les choses en me rinçant la bouche au robinet puis en frottant mes gencives avec les doigts. Ensuite, j'astiquai mes dents avec la serviette toute propre et bien pliée qui attendait les invités. Je la remis en boule dans un coin et fis un nouveau test en soufflant dans ma manche.

Malgré un léger mieux, le résultat n'était guère probant.

À cet instant, quelqu'un essaya de rentrer en appuyant fort sur la poignée de la porte. J'actionnai la chasse d'eau et sortis, songeant que Michel avait peut-être prévu des bonbons ou des rafraîchissements à la menthe. Un rapide coup d'œil sur les buffets me montra que ce n'était pas le cas.

Je me dirigeai donc vers la petite table que j'occupais, espérant reprendre mon agréable conversation avec la jolie brune. Mais, contournant un groupe d'amis qui riaient ensemble, je découvris la chaise désertée par mon invitée éphémère. Elle avait disparu en emportant son assiette, laissant derrière elle un convive hanté par une petite honte de plus.

Les petites phrases

Les petites hontes du quotidien sont le plus souvent ponctuelles et isolées, mais elles peuvent aussi se cacher de façon diffuse dans des habitudes auxquelles nous ne prêtons guère attention à force de les répéter.

C'est à mon sens le cas des petites phrases prononcées à tout-va par des gens qui nous veulent a priori du bien. Or je déteste ces avertissements prétendument bienveillants, du genre « fais bien attention à toi », « sois prudent sur la route », « couvre-toi bien, il fait très froid aujourd'hui », etc.

D'abord, ces mises en garde ont quelque chose d'un peu ridicule lorsqu'elles s'adressent à une personne adulte censée être responsable d'elle-même. Ensuite, même si je sais que les gens qui prononcent ces phrases toutes faites le font positivement, intuitivement je ressens le contraire. Le conseil donné est souvent tellement trivial qu'il sonne surtout à mes yeux comme un rappel disant : « Attention, tu es menacé. » Ce qui peut augmenter le stress et l'anxiété. Je préfère de loin le style science-fiction : « Que la Force soit avec toi », plus simple, plus rassurant.

Pour bien faire, il faudrait pouvoir dire non à ces sentences gentilles qui, au mieux, ne servent à rien et, au pire, nous gâchent silencieusement la vie. Les renvoyer à leur expéditeur avec la mention « n'habite pas à l'adresse indiquée ». Une autre solution serait de se venger tout de suite en fixant attentivement son interlocuteur, l'air vaguement inquiet, puis en lui assénant, après un silence prolongé :

— Tu as raison, je vais faire attention à moi. Mais toi, tu as l'air très fatigué en ce moment, tu n'aurais pas maigri ? Tu en fais trop à mon avis, tu devrais te reposer.

Vlan ! Retourner les ondes négatives sur l'autre serait peut-être un moyen d'en finir avec ces propos stéréotypés. Mais voilà, nous en avons parfois envie mais nous ne le faisons pas : nous subissons sur le moment, en pensant parfois a posteriori que nous avons manqué de courage. Finalement, ces clichés constituent une double source de honte : d'une part, on est honteux de ne pas apprécier que les autres se préoccupent de nous ; d'autre part, on l'est de ne pas oser leur dire de se mêler de leurs oignons...

Si vous souhaitez essayer la seconde option, n'hésitez pas, il ne coûte rien d'essayer. Ainsi, un de mes amis avait une tante particulièrement friande de petites phrases. Il lui rendait souvent visite dans sa maison de campagne et elle lui rabâchait sans cesse des « ne prends pas froid », « fais attention à ton dos quand tu te baisses », « attention, la route est glissante », « ne mange pas trop, tu vas être malade », etc. Un jour, il finit par prendre son courage à deux mains et lui parler.

— Tu sais, j'apprécie que tu t'inquiètes pour moi mais, vois-tu, j'ai quarante-cinq ans, je crois que je suis assez grand maintenant pour m'occuper de moi tout seul, donc je te demande comme un service de ne plus me dire ce que je dois faire toutes les cinq minutes.

Sur le coup, la tante était restée interloquée, mais elle avait fini par dire qu'elle comprenait son sentiment et qu'elle tâcherait d'y faire attention par la suite. Elle a d'ailleurs tenu parole.

Pendant au moins... trois semaines.

Solitude

Je suis assis sur les toilettes du restaurant. Je regarde les murs en carrelage blanc avec, face à moi, la porte dont le verrou est tiré. Je suis seul avec moi-même. Et je cogite sur l'existence et la destinée.

À l'extérieur, je dirige ma vie à l'intuition, sans dogme, en avançant le plus vite possible. Je pense que, dans notre monde, ce ne sont pas les plus gros qui mangent les plus petits mais les plus rapides qui dévorent les plus lents. Alors j'accélère pour vivre plus intensément. La mobilité, c'est ma force.

Bien sûr, ces principes ne peuvent s'appliquer partout. Là, installé dans cet espace clos, sans rien à lire ou faire, je délaisse le carrelage blanc pour fixer mon pantalon baissé le long de mes mollets. La posture me donne un côté misérable.

En y songeant, je me souviens des paroles de mon oncle Henri lorsque j'étais enfant :

— Chaque fois que tu te trouveras en situation difficile, face à une personne qui te domine et te paralyse tellement elle t'impressionne, imagine-la aux toilettes, installée sur son trône. En un éclair, tu verras quelqu'un de fragile et vulnérable.

J'ai suivi ce conseil des centaines de fois : adolescent, quand je n'osais pas aborder une fille ; plus tard, lors d'entretiens d'embauche. Mais c'est au collège, face à mon professeur de français, que la technique de l'oncle Henri m'a le plus servi.

Cet enseignant essayait toujours d'impressionner ses élèves lorsqu'il les faisait venir au tableau, prenant un malin plaisir à les apostropher d'une voix grave et forte, comme s'il était déjà furieux contre eux. Le temps que sa victime arrive sur l'estrade, il regardait déjà sa montre pour montrer qu'elle n'allait pas assez vite. Une fois l'élève au tableau, il croisait les bras, étendait ses jambes, posait sa question comme un coup de poing, arborant toujours un air furibond. En vrai sadique, sa jouissance montait en voyant l'élève – qui savait pourtant sa leçon sur le bout des doigts – perdre ses moyens et bafouiller une réponse d'une voix presque inaudible, commettant des erreurs par panique. À ce moment, il adorait l'interrompre sèchement en lançant :

— Allez vous asseoir ! Ce n'est pas la peine

d'insister, vous êtes pitoyable. Décidez-vous à vous mettre au travail une fois pour toutes.

L'enfant retournait à sa place sous des rires qui résonnaient comme autant de pierres lancées. Je haïssais ces instants, jugeant que mes camarades constituaient une assemblée de lâches. Accepter de ricaner revenait à cautionner l'attitude odieuse de ce prof pour essayer de se faire aimer de lui et des autres. Aussi, je mettais un point d'honneur à ne pas suivre la meute et tomber dans le piège.

Et quand l'enseignant m'appelait, je me dirigeais vers l'estrade en pensant aux paroles de l'oncle Henri : j'imaginais alors ce tyran de collège assis sur son trône, l'air grave et sévère. Le tableau qui me venait à l'esprit s'avérait si ridicule que j'avais du mal à ne pas pouffer. Cela m'aidait en tout cas à ne pas être impressionné par son cinéma. Je récitais donc ma leçon en restant moi-même et en le regardant droit dans les yeux. M'ayant rapidement catalogué comme un mauvais client, il m'interrogeait très rarement. J'avais donc la paix, grâce à mon oncle Henri.

Sortant de ma rêverie, je constate soudain qu'il n'y a plus de papier hygiénique. L'homme seul sur son trône n'a dès lors plus rien de comique. Je suis coincé, sans solution : pas de mouchoir jetable dans les poches, pas de lavabo à proximité. Me rhabiller ainsi et sortir n'est évidemment pas une option. Il ne reste qu'une solution : qu'importe la pudeur ou le ridicule, demander de l'aide s'impose.

D'une petite voix, je lance : « Y a quelqu'un ? » Rien. Je secoue ensuite la poignée pour me signaler. Toujours rien. Le silence absolu, à peine troublé par le ronronnement de la ventilation. J'appelle à nouveau, un peu plus fort. Encore rien. Un terrible moment de solitude.

Au bout de quelques minutes, j'entends la porte commune des toilettes des hommes s'ouvrir, puis des bruits de pas. Enfin ! Je vais être délivré. Je reprends alors d'un petit timbre fluet :

— S'il vous plaît, il y a quelqu'un ?

Les pas se rapprochent de ma porte, et une grosse voix bourrue me répond :

— Qui est là ? Qu'est-ce que vous voulez ?

— Je suis un client du restaurant et je n'ai plus de papier. Vous pouvez m'aider ?

— Moi aussi je suis un client, pas un marchand de papier. Débrouillez-vous ! D'ailleurs, les toilettes d'en face sont libres, vous n'avez qu'à y aller.

L'inconnu tourne les talons et sort en ricanant.

Ce n'est pas à proprement parler de la non-assistance à personne en danger, mais ça y ressemble. J'attends à nouveau en silence, pensant que le conseil de l'oncle Henri aurait été encore plus efficace si j'avais imaginé mes interlocuteurs dans la position exacte où je me trouve : coincé aux toilettes *et* sans papier.

Dans ce genre de circonstance, le temps s'écoule incroyablement lentement. Au bout des cinq minutes les plus longues de mon existence, après une ultime plainte, quelqu'un me glisse quelques feuilles de papier sous la porte sans émettre de commentaires. Enfin délivré, je sors avec soulagement... Il va maintenant falloir affronter le regard de la belle jeune femme avec qui je déjeune et qui doit m'attendre depuis plus d'un quart d'heure.

La piscine du grand hôtel

Il y a quelques années, le hasard d'un congrès médical me donna l'occasion de passer un long week-end dans l'un des plus beaux hôtels du Maroc. Churchill y passait ses vacances, de Gaulle et Roosevelt y ont séjourné, tout comme de nombreuses stars de cinéma. Situé dans la vieille ville de Marrakech, le bâtiment est entouré de hauts murs rose orangé qui diffusent une lumière étrange et mystérieuse au coucher du soleil. À l'intérieur, tout est luxe et volupté, contrastant avec l'agitation citadine. Un vrai bonheur que la Mamounia !

À peine entré dans le hall, un serveur tout de blanc vêtu me proposa une serviette chaude qui sentait bon la fleur d'oranger, puis une jeune fille m'apporta du thé à la menthe. Une fois installé dans ma chambre, je n'eus qu'une idée en tête : aller à la piscine le plus vite possible afin de me relaxer après le voyage.

L'endroit paraissait tout simplement magique : un immense carré bleu et vert bordé de palmiers s'élançant vers le ciel avec, en toile de fond, les sommets encore enneigés des montagnes de l'Atlas. Confortablement allongé dans une chaise longue au matelas moelleux, je me mis donc à profiter de la douceur des lieux. Le temps s'écoulait lentement, entrecoupé par les prières montant du minaret ou par le groom qui passait avec une clochette et un écriteau portant le nom d'un client appelé au téléphone.

À un moment, une femme d'une quarantaine d'années vint s'installer à côté de moi, pas vraiment jolie mais possédant un certain charme. Elle portait un maillot de bain deux-pièces noir à petits pois blancs. Sa peau toute blanche et laiteuse, son petit ventre et la présence d'un peu de cellulite sur ses cuisses contrastaient avec le corps des autres femmes présentes, minces et musclées.

Ayant sans doute pris de bonnes résolutions à l'occasion des vacances, elle se mit à l'eau et passa un temps infini à faire des longueurs. J'apercevais régulièrement le haut de son bonnet en caoutchouc blanc progresser au rythme de ses brasses coulées. Elle sortit de la piscine délicatement alors qu'un nuage masquait le soleil de février, rafraîchissant l'atmosphère. L'inconnue eut aussitôt la chair de poule et sortit de son sac un maillot de bain une pièce violet afin de se changer.

Elle s'entoura de l'immense drap de bain qu'elle tenait de la main gauche, utilisant la droite pour enlever son maillot mouillé, qui apparut quelques instants plus tard à ses pieds. Faisant beaucoup d'efforts pour éviter de dévoiler sa nudité, elle n'arrêtait pas de se contorsionner en essayant d'enfiler son une-pièce. Les gens autour d'elle, n'ayant rien de mieux à faire, la regardaient se tortiller, accentuant son besoin de pudeur.

Brusquement, un petit garçon qui faisait le tour de la piscine en courant passa près d'elle et la bouscula. Surprise et déséquilibrée, elle s'emmêla les pieds dans son maillot et évita la chute de justesse tout en laissant échapper le drap de bain. Dans le soleil éclatant qui venait de resurgir, tout le monde fixa ses fesses blanches et ses petits seins. Elle rougit instantanément, extrêmement gênée, et se ressaisit, replaçant le drap de bain et finissant de se changer rapidement.

Juste de l'autre côté de la piscine, une superbe jeune fille, grande, mince et bronzée se leva alors d'un bond. Elle ôta le haut de son maillot sans se cacher et fit un demi-tour pour que tout le monde la voie bien. Exposant quelques instants sa poitrine nue comme une force, elle passa ensuite un soutien-gorge argenté en demandant à son compagnon de l'aider à fermer l'agrafe dans le dos. Ma voisine ramassa ses affaires avec hâte et regagna discrètement sa chambre.

Titanic

Je n'étais pas allé au cinéma depuis très longtemps, mais tout mon entourage ne cessait de me répéter qu'il fallait absolument aller voir ce film, à la fois spectaculaire, haletant et émouvant. J'avais donc fini par me laisser convaincre, accompagnant tout en rechignant un couple d'amis. Je me devais, comme vingt millions de Français, de voir *Titanic*.

Nous n'étions pas les seuls à avoir eu cette idée : le hall étant plein à craquer, il allait sans doute falloir jouer des coudes pour obtenir de bonnes places. Cela ne me dérangeait pas vraiment car je préfère m'installer au tout premier rang, généralement peu convoité. En étant le plus près possible, je rentre mieux dans le film. En outre, étant vite exaspéré par le fait d'avoir dans ma ligne de vision une tête qui s'avachit lentement pour se redresser de temps en temps, là je ne crains rien.

Tout à coup, les portes s'ouvrirent. Nous n'entrâmes pas les premiers, et je parvins sans difficulté à convaincre mes amis d'opter pour le premier rang. En pénétrant dans la salle, l'odeur de la séance précédente m'assaillit, curieux mélange de transpiration, de pop-corn et d'autres senteurs indéfinissables. Sans savoir pourquoi, je rangeai machinalement mon ticket d'entrée dans ma poche au lieu de le jeter à la poubelle, comme si je craignais inconsciemment de me faire contrôler en pleine projection. Ma voisine s'assit la première et s'accapara l'accoudoir, m'obligeant ensuite à essayer de regagner discrètement un peu de terrain. La routine, quoi !

Subissant en silence les écrans publicitaires, je me dis que c'était un peu dommage de venir voir un film dont on connaît déjà la fin, redoutant déjà de m'ennuyer. De fait, je ne risquais pas d'être surpris en voyant la collision avec l'iceberg puis le paquebot s'enfonçant dans les flots. Mais dès que le film démarra, je fus pris par l'histoire, m'identifiant au quart de tour avec les bons et détestant d'emblée les méchants.

La dernière partie me sembla particulièrement réussie.

Quelques heures après le drame qui a coûté la vie aux passagers des classes inférieures, le capitaine d'une des embarcations, pris de remords, se dirige vers les corps flottants dans la mer glaciale. Le silence est de plomb, on entend juste le bruit des rames qui s'enfoncent régulièrement pour avancer. D'un seul coup, une femme pousse un faible cri, à bout de forces, livide. C'est l'héroïne, accrochée à un morceau de bois, sur le point de sombrer. Heureusement, un enfant entend son gémissement, ce qui la sauve. On la hisse à bord de la chaloupe et l'on suit son regard désespéré fixé sur le corps de son fiancé qui flotte à côté, mort. Il lui avait laissé sa place sur le bout de bois pour qu'elle survive.

Ému par la force de la scène, je ne pus retenir quelques larmes.

Quand les lumières se rallumèrent, mes amis virent mes yeux humides et rougis. Et j'eus honte, tout à coup, de pleurer comme les autres pour un film à l'eau de rose. Je me mouchai alors bruyamment pour faire croire que mes larmes étaient dues à un rhume.

Vingt heures pile

Une fois n'est pas coutume, je suis en avance pour mon dîner chez les Derois. Sylvie m'ayant proposé de venir vers vingt heures, je suis parti à dix-neuf heures trente. D'habitude, à ces horaires-là, il faut presque trois quarts d'heure pour aller en voiture de la Bastille à la place Wagram, et là, patatras, je mets quinze minutes ! Or si je suis souvent en retard, arriver en avance me paraît pire que tout : on poireaute dehors sans rien faire, on perd son temps, on s'ennuie et s'énerve. Bref, la galère.

Cela dit, reste encore à trouver une place. Après dix minutes à tourner dans le quartier, un emplacement se libère juste devant l'immeuble des Derois. Une fois garé, je regarde dans le rétroviseur le superbe bouquet de fleurs que j'ai acheté et qui repose sur la banquette arrière. J'ai opté pour le style ostentatoire avec de grands glaïeuls rouges et un emballage plein de rubans, pompeux à souhait. Je devine déjà les « Il ne fallait pas, vous avez fait des folies... » de Sylvie.

Il me reste cinq minutes avant l'heure prévue. Alors je gamberge. Et je songe aux habitudes germaniques : en Allemagne, lorsque vous êtes invité quelque part, vous vous devez d'être pile à l'heure, quitte à attendre quelques minutes devant la porte pour plus de sécurité. Et surtout, les fleurs doivent être sorties de leur emballage avant de les offrir.

Pour m'occuper, je range des papiers dans la boîte à gants, je replie les rétroviseurs extérieurs, j'arrange un morceau de ruban qui se décolle du papier transparent avant de me diriger lentement vers le porche. Il est vingt heures pile.

Je saisis le code que Sylvie m'a indiqué : A8724, puis deuxième étage droite. Je sonne. J'attends quelques instants. Personne. Je tends l'oreille pour déceler un éventuel bruit de pas, rien. Je sonne à nouveau, en me demandant si je ne me suis pas trompé de jour.

Une voix au loin crie, d'un air agacé :

— Voilà, voilà, pas de panique !

La porte s'ouvre enfin et je tombe nez à nez avec la maîtresse de maison en peignoir, les cheveux encore mouillés. Je l'ai visiblement tirée de son bain. Hésitant à lui tendre mon bouquet ou à le cacher derrière mon dos, je lui dis :

— Bonjour Sylvie, excusez-moi, j'ai dû me tromper de date !

Gênée, elle réplique :

— Mais pas du tout, entrez, je vous en prie, je suis très en retard. Installez-vous donc au salon.

— Bien, merci. Tenez, c'est pour vous.

— Oh, des glaïeuls, mes fleurs préférées. Il ne fallait pas, vous avez fait des folies ! Tenez, asseyez-vous dans le canapé.

Je prends place dans l'immense sofa, avec vue directe sur la salle à manger où l'employée de maison s'active à mettre la nappe. Je sens que je dérange, que j'arrive beaucoup trop tôt, voyant le décor se mettre en place sans savoir quoi dire. Pour une fois que je suis ponctuel, on m'y reprendra.

— Voulez-vous que je vous aide à préparer quelque chose ? dis-je pour essayer de me rendre utile.

Toujours en peignoir, Sylvie commence à retrouver ses réflexes de maîtresse de maison et affiche son visage d'hôtesse parfaite :

— Non merci, ne vous dérangez pas ! Puis-je vous proposer quelque chose à boire ?

— Cela ira, je vais attendre tranquillement les autres invités...

— Parfait, vous trouverez un peu de lecture sur la table basse. À tout de suite.

Elle sort en refermant la porte du couloir derrière elle. Quelques secondes plus tard, j'entends Jacques, son mari, lui demander derrière la porte :

— Qui était-ce ?

— C'est un invité qui est déjà là !

— Zut, quel est le plouc qui arrive si tôt ?

Je me sens soudain très seul dans le grand canapé.

Je ne tombe pas mal ?

Un autre dîner, chez d'autres amis. Cette fois, ayant retenu la leçon, je suis arrivé avec un quart d'heure de retard et aucune fausse note n'est à signaler. D'ailleurs, toute la soirée se déroule à merveille. Il y a quelque chose d'agréable dans l'air, les femmes sont jolies, les sujets de conversations légers, des rires résonnent pour tout et surtout pour rien. Nos hôtes ont évité de sortir la vaisselle de leur liste de mariage, celle que l'on craint à chaque instant d'ébrécher par un geste brusque. Tout le monde est à l'aise.

Nous ne voyons pas le temps passer au cours du repas qui s'avère délicieux. Le temps de partager un café au salon, il est déjà une heure du matin et il faut partir. Nous sommes tous dans l'entrée, échangeant des « au revoir » très chaleureux. Nos hôtes se serrent amoureusement l'un contre l'autre, sentant visiblement que la soirée a été un succès.

En remerciant la maîtresse de maison pour cet excellent dîner, je décide de ponctuer mon départ par une petite note légère et amusante :

— Savez-vous que des nutritionnistes ont montré récemment qu'il fallait faire sept kilomètres en jogging pour perdre l'équivalent en calories d'un croissant ? Avec les délices que nous avons dégustés ce soir, je pense qu'il va falloir que je fasse demain matin un Paris-Strasbourg !

Tout le monde rit, chacun calculant la distance qu'il devra parcourir. L'ambiance est parfaite, ma petite histoire ponctuée d'un dernier au revoir donne le mot de la fin. Nous sortons tous en parlant un peu fort dans l'escalier.

J'arrive maintenant devant ma voiture. Je cherche les clés au fond de ma poche, rien. En un flash, je me revois en train de les ranger dans ma sacoche parce qu'elles déformaient ma veste. J'ai d'ailleurs tout mis dedans, mon portefeuille et mon téléphone portable. Le problème est que j'ai oublié le porte-documents chez mes amis !

À moins de passer la nuit dehors, je n'ai pas d'autre choix que de remonter. Heureusement, le digicode de l'entrée est hors-service. Arrivé au quatrième étage, tout est calme. J'espère qu'ils ne sont pas déjà couchés. Je sonne d'un petit coup léger afin de ne pas réveiller les enfants. Silence complet.

Je n'ai pas le choix, j'appuie franchement sur la sonnette. Après quelques secondes de silence, je perçois des pas qui s'approchent de la porte et qui s'arrêtent juste derrière pour écouter.

— Qui est-ce ?

— C'est Frédéric, je suis désolé, j'ai oublié ma sacoche chez vous avec mes clés dedans ! J'espère que je ne tombe pas mal.

La porte s'ouvre, Philippe est nu, avec juste une serviette autour de la taille. Son visage rouge, son torse plein de transpiration. Je le revois dans l'encablure de la porte quelques minutes plus tôt, serrant sa femme contre lui. Il n'y a aucun doute à avoir sur ce qu'ils faisaient lorsque j'ai sonné.

— Voilà, me dit Philippe en me tendant ma sacoche avec un sourire forcé.

L'ambiance de la soirée et le bon mot de la fin me semblent, d'un coup, très loin.

Crevettes et avocats

Mon ami Louis est un homme bien plus attachant qu'on ne pourrait le croire au premier abord. Son physique rondouillard, sa timidité, son air un peu rustique ne plaident pas nécessairement en sa faveur, mais lorsqu'on le connaît, on découvre une personnalité pleine d'humour, de sensibilité et d'intelligence. L'histoire qu'il m'a rapportée l'atteste ô combien. Car il en faut pour avouer ses propres « petites hontes ».

Louis avait réussi à séduire Léa, une belle étudiante en droit fille de parents avocats. Lorsque ceux-ci avaient rencontré Louis, Léa avait tout de suite su qu'il ne leur convenait pas. Ce caissier de banque issu d'une famille d'agriculteurs ne paraissait pas à la hauteur de leur fille chérie. Mais celle-ci, dotée d'un caractère trempé, avait su tenir tête à ses géniteurs et, vingt ans plus tard, le mariage durait toujours, ce qu'elle tenait pour un exploit dans les temps actuels.

Néanmoins, la famille de Léa n'avait jamais vraiment intégré Louis et conservait à son encontre une sorte de rancune diffuse mais tenace. Ainsi, Léa recevait-elle souvent à dîner sa sœur aînée et son époux. Mariée à un juge d'instruction, l'aînée adorait parler boulot et soulignait à chaque occasion combien elle était fière d'appartenir à une famille d'avocats depuis deux générations et de prolonger cette lignée... Avec le temps, Louis s'était habitué à ce comportement constituant une critique à peine voilée à son égard. Malgré tout, chaque dîner familial le crispait, car Léa voulait que tout soit parfait et se transformait souvent en tyran domestique l'espace de quelques heures.

Un soir, invités, sa sœur et son mari eurent vingt minutes de retard. Louis et Léa, assis dans le salon à les attendre, pestaient. Le foie gras commençait à prendre une couleur brunâtre et les petits fours refroidissaient, au grand dam de Louis dont l'estomac criait famine depuis un bon moment. Hélas, Léa interdisait formellement qu'on commence à toucher aux canapés avant l'arrivée des convives. Serré dans son costume, Louis se sentait un étranger en visite chez lui et fixait alternativement les quatre coupes à champagne parfaitement alignées sur le buffet et la table impeccablement dressée, l'esprit aussi vide que l'estomac.

Quand la sonnerie de l'appartement retentit enfin, Louis se leva d'un bond, mais Léa le tança :

— Ne te précipite pas, voyons ! Attends deux minutes avant d'ouvrir, sinon ils vont avoir l'impression qu'on les attend derrière la porte, ça ne fait pas chic.

Louis compta jusqu'à dix et se dirigea lentement vers l'entrée. À travers l'œilleton, il aperçut la tête globuleuse de son beau-frère. Bouquet de fleurs et bouteille de champagne en mains, le couple entra, embrassant Louis qui fut incommodé par l'odeur trop forte de laque sur les cheveux roux flamboyant de sa belle-sœur.

Les mains chargées des manteaux et des cadeaux, il se dirigea vers le vestiaire et la cuisine pour poser le tout. Quelques instants plus tard, il revint avec la bouteille de champagne. La conversation tournait déjà autour du sujet familial favori, une récente grève des avocats déclenchée par des conditions d'exercice de plus en plus difficiles. Étant bien entendu exclu de la discussion, il se contenta de remplir les flûtes, se sentant plus dans le rôle d'un majordome que dans celui d'un mari. Au bout d'un moment, sa belle-sœur ne manqua de lui faire remarquer son silence, comme à chaque fois.

— Louis, vous ne dites rien ? Nous devons vous ennuyer avec nos conversations techniques. Est-ce que vous avez vu le dernier spectacle à l'opéra, *La Flûte enchantée* de Mozart ? Je crois que c'était vraiment le spectacle de la saison.

— Non, je n'en ai pas eu l'occasion. D'ailleurs, je crois que c'est très compliqué d'avoir des places.

— Oh, pas du tout. Il suffit de vous abonner, c'est très facile !

Louis fulminait. Ce n'était pas la première fois que Fanny lui faisait le coup de la question culturelle, sachant très bien qu'il ne sortait jamais. Et puis, lui rappeler que *La Flûte enchantée* était de Mozart revenait à supposer qu'il ne connaissait rien, le rabaissant à son rang de fils de cultivateur. Plusieurs réponses sarcastiques lui brûlaient les lèvres, mais il parvint à se contenir, d'autant que Léa l'apostropha :

— Tu n'as pas remarqué que les coupes de nos invités sont vides ? Va chercher une autre bouteille, voyons !

Louis se leva et referma la porte de la cuisine derrière lui, enfin soulagé du caquetage aigu de sa belle-sœur. L'apéritif lui avait donné encore plus faim. Sa femme lui répétait tout le temps qu'il ne fallait pas grignoter mais il ne put s'empêcher de jeter un œil à la table de la cuisine pour voir s'il y avait quelque chose à picorer en attendant le repas, son beau-frère ayant englouti la quasi-totalité des petits-fours. Il repéra au bout de la table un bol contenant des crevettes. Léa avait préparé une entrée à base de salade verte, de crevettes et – atavisme familial ? – d'avocat, mais elle avait acheté trop de crustacés. Comme un enfant avant une bêtise, il jeta un rapide coup d'œil autour de lui et saisit une crevette, puis deux, puis trois, pour les manger avec volupté. Rien que du bonheur sauvage, le plaisir pur et simple de la transgression !

« Maintenant, le champagne », se dit-il ensuite. En ouvrant le réfrigérateur, il tomba sur une bouteille à peine entamée, ouverte cinq jours plus tôt lors d'un apéritif avec les nouveaux voisins du troisième étage. Finalement, comme personne n'avait voulu se resservir, Louis avait soigneusement refermé la cuvée avec un bouchon spécial. « Il n'y a pas de petites économies, je ne vais quand même pas laisser perdre du champagne, songea-t-il en empoignant la bouteille. Je le ferai mousser davantage en remplissant rapidement les coupes, ils n'y verront que du feu ! »

De retour au salon, il mit son plan à exécution. Coup de chance, personne ne prêta attention à lui. Il remit tranquillement la bouteille dans le seau à champagne comme si de rien n'était. Léa saisit une coupe en lançant :

— Maintenant, nous allons trinquer à la légion d'honneur de papa. Vivement la remise que nous fassions une belle fête !

Sa femme avala une gorgée de champagne et fronça immédiatement les sourcils. Son regard se porta sur la bouteille qu'elle reconnut tout de suite.

— Louis, tu exagères ! s'exclama-t-elle. Tu nous as servi le champagne ouvert de la semaine dernière, il est tout dégazé. Va vite chercher une autre bouteille !

Il repartit alors vers la cuisine. En se disant que cette ultime humiliation valait bien de finir tous les crustacés. Un vrai réconfort.

L'ENDROIT BRANCHÉ

Tout le monde à Paris parlait du *Schagn* comme l'endroit qu'il fallait absolument connaître pour ne pas paraître demeuré. Tout y était réuni et réussi : la décoration la plus tendance du moment, les fêtes extravagantes données par les plus grandes stars et la cuisine, géniale, totalement conceptuelle ! Bref, un concentré de modes.

J'avais réussi à avoir une table en m'y prenant trois mois à l'avance. Dès l'entrée, force était d'admettre que l'endroit dégageait quelque chose de séduisant. En poussant la porte, on avait l'impression d'entrer dans un autre monde. Les éclairages raffinés mettaient en valeur quelques sculptures que ma compagne et moi n'aurions sans doute pas remarquées spontanément. Chaque détail était soigné à l'extrême et l'originalité du lieu procurait une sensation de dépaysement aussi immédiat qu'apaisant.

Un couple entra juste après nous, mais le maître d'hôtel se dirigea droit vers eux en nous ignorant, ma compagne et moi.

— Monsieur Duchaussoy, quel plaisir de vous revoir ! Vous avez bien fait de nous appeler ce matin, j'ai pu vous obtenir notre meilleure table. Voulez-vous me suivre s'il vous plaît ?

Le visage de ce Duchaussoy me disait quelque chose, mais je n'arrivais pas à savoir de qui il s'agissait... Nous restâmes debout dans le hall quelques minutes, puis le maître d'hôtel revint vers moi pour nous placer.

— Par ici, je vous prie, fit-il, le regard vide.

Il jeta un œil vers la porte d'entrée, un nouveau couple venait d'arriver. Son accélération brutale jusqu'à notre table me fit deviner qu'il avait repéré quelqu'un d'important. Visiblement, nous ne comptions pas, notre présence lui était totalement indifférente.

Il nous mena à une petite table au fond de la salle, coincée entre un poteau et la porte des cuisines.

— Vous n'auriez pas une table mieux placée ? demandai-je avec une pointe d'agacement.

— Non, hélas monsieur, tout est réservé depuis plusieurs semaines.

J'eus envie de lui répliquer par un « Y compris la table de Duchaussoy ? », mais il courait déjà accueillir un couple resplendissant dont la femme, mannequin connue, se dirigeait avec aisance et naturel vers une table très bien située, elle. Un désagréable sentiment de dévalorisation me gagna.

Super-8

Le dimanche est un jour étrange, un peu ambigu. Il n'est pas toujours aisé d'y trouver ses marques, coincés que nous sommes entre la semaine qui appartient au passé et le lundi qui fait partie de l'avenir. Certains sont pris d'un sentiment d'urgence, se considérant obligés de profiter à tout prix de ce temps de loisir, et s'entassent aux terrasses des cafés pour boire un soda tiède et cher. D'autres tournent en rond chez eux ou grignotent en regardant des programmes médiocres.

Un dimanche d'hiver particulièrement gris, j'avais décidé de rester à la maison afin de trier des souvenirs de vacances, des films, des photos, des bibelots rapportés de différents pays. Sortis de leur contexte, ces objets hésitaient entre l'étrange et le décalé : le chameau du Maroc en porcelaine, les parchemins égyptiens et les petites poupées russes cohabitaient bizarrement. Quant aux photos, tout le monde y souriait de façon figée, trônant parfois devant un monument de façon à bien montrer « qu'on y était »...

Si j'avais hâte de revoir quelques vieux films de voyages, je n'avais plus de lecteur capable de lire les anciennes cassettes. Ce qui me donna l'idée de les faire numériser sur DVD, afin de pouvoir les regarder à l'occasion avec quelques proches. Nous revoir tous ensemble, plus jeunes de vingt ans, au pied des pyramides relèverait sûrement du grand moment.

Quelque temps plus tard, ma femme invita justement deux couples d'amis de longue date à prendre le thé un dimanche après-midi. Après les conversations d'usage, deux groupes s'étaient formés : les hommes regardaient un match à la télé, les femmes jouaient au Scrabble dans une ambiance plutôt morose. Résultat, mon appartement me faisait quasiment penser au salon tristounet d'une maison de retraite. Une idée surgit : dynamiser l'atmosphère en sortant mes DVD souvenirs.

— Que ceux qui m'aiment me suivent ! Je vous propose une séance vidéo surprise.

Je fus surpris de soulever l'enthousiasme général. Tout le monde me rejoignit dans la chambre, où se trouvait le lecteur DVD. J'expliquai en quelques mots que j'avais fait transférer de vieux films de vacances. Je proposai de regarder celui d'Égypte. Mais Paul, toujours prêt à pimenter le quotidien, trouva plus amusant de choisir un film au hasard, emportant immédiatement l'adhésion des autres.

Ma femme prit un boîtier sans regarder les étiquettes. Il s'agissait d'un des plus anciens, datant des années 1970. Et, à l'écran, apparurent les voitures de l'époque : DS, 404, Renault 16... puis, au bout de quelques minutes, moi, en vacances à La Baule. En me voyant ainsi, âgé d'une vingtaine d'années, j'eus un petit pincement au cœur, mais je ne voulus pas faire durer la séance nostalgie.

— Ce n'est pas passionnant, on va peut-être avancer ! dis-je.

— Non, non ! Pas question, c'est très bien, la suite ! répondit Michel, un sourire légèrement sadique aux lèvres.

Visiblement, l'assistance appréciait de me voir ainsi. En fait, plus le film avançait, plus je me trouvais atroce. Je revoyais très nettement un concentré de tout ce que j'avais essayé de gommer au fil des années : j'étais bien dodu, j'arborais des rouflaquettes ridicules et un pull tricoté vert foncé et je souriais bêtement à la caméra en faisant un petit coucou à « maman » qui admirait son grand dadais.

Tout le monde pouffait et échangeait des commentaires sarcastiques à voix basse.

La séquence suivante fut pire : je me vis sur les planches de Deauville, face à la mer, avec une jeune fille s'approchant de moi. Elle posa sa main sur mon épaule avant de m'embrasser, ou plutôt de m'empoigner. Cette fille était un vrai laideron avec sa denture de travers et sa peau pleine de boutons. L'étreinte dura une éternité, s'agrémentant de gros plans gênants sur nos bouches collées. La mémoire me revint alors : j'avais emprunté la caméra de mes parents le temps d'un week-end et un ami d'alors avait filmé cette scène grotesque.

La femme, belle et élégante, qui partage ma vie me regarda étonnée. Les autres rirent de plus belle. J'allais saisir la télécommande du lecteur DVD pour mettre fin à ce supplice, mais Paul la saisit avant moi et ne put s'empêcher de me lancer en riant :

— Ah non, mon vieux, compliments !

Le souci du détail

Avec une dizaine d'amis, nous avions décidé de venir passer la journée à Deauville avec nos progénitures respectives. Le soleil était au rendez-vous, mais la mer était si loin et si froide que personne n'avait songé à aller se baigner. Nous occupions donc l'après-midi à bavarder, paressant sur nos serviettes au son des jeux enfantins.

Allongé sur le dos, je somnolais, les bras croisés sur mon visage pour me protéger du soleil et, de temps en temps, mon regard se tournait vers les groupes voisins du nôtre. La température étant assez élevée, des personnes s'étaient mises en maillot de bain et mes yeux s'arrêtaient parfois sur une poitrine dénudée, une paire de jambes trop minces ou un ventre rebondi.

Il est d'ailleurs étonnant de constater combien la notion de pudeur évolue dès que du sable, de l'eau et du soleil sont réunis : nous n'hésitons pas à exposer nos corps à la vue d'inconnus parmi lesquels pourraient se trouver nos voisins de palier ou notre assureur. À mes yeux, il y a presque quelque chose de trivial et touchant à découvrir ces corps tout blancs qui semblent vulnérables, ces ventres en avant, ces poignées d'amour, cette cellulite... Certains doivent en fait se sentir rassurés en constatant les défauts et imperfections d'autrui, comme un miroir à leurs éventuels complexes.

De ce point de vue, observer les autres à la plage relève donc en fait d'un réflexe naturel. Même si... nous n'avons pas envie d'être surpris en train de « mater ».

Ce jour-là, en contemplant distraitement les vacanciers, je me souvins de l'interview d'un acteur de films X invité à un talk-show. Le présentateur lui demandait avec combien de partenaires il avait fait l'amour dans sa carrière.

— À ce jour, avec 978 actrices, répondit-il sobrement.

Le terme « actrice » ne manquait pas d'une forme d'élégance, tout comme la comptabilité qu'il semblait tenir. Étonné, le présentateur voulait en savoir davantage :

— Mais dites-moi, comment faites-vous pour être toujours aussi performant quelle que soit la femme ? Prenez-vous un stimulant sexuel ? Il y a sûrement des cas où votre partenaire n'est pas du tout à votre goût !

— Ma méthode est très simple : il suffit de bien observer ma nouvelle partenaire avant la scène. Dès que je l'aperçois, je recherche en elle le petit détail qui la rend désirable et sexy. Toutes les femmes ont un petit quelque chose, même sans le savoir : le galbe harmonieux d'un genou, un pavillon d'oreille plein de recoins secrets, une paume de main un peu potelée... Elles possèdent toutes un détail unique, parfois connu, parfois à découvrir. Une fois que je l'ai trouvé, je ne pense plus qu'à ça, je le regarde chaque fois que je peux.

Allongé sur le sable, personne ne pouvait voir qui j'observais. En repensant à cette interview, je m'essayai donc à pratiquer ce petit jeu en détaillant les femmes des groupes voisins que je pouvais apercevoir, cherchant un détail attirant.

Pas toujours évident...

Après quelques minutes, mon regard croisa celui de la femme d'un ami, allongée à quelques mètres. Depuis combien de temps me fixait-elle ? En tout cas, elle affichait un air outré qui me laissa penser qu'elle m'avait observé assez longuement.

— Tout va bien, à ce que je vois ! me dit-elle ironiquement.

Puis elle remit son tee-shirt pour cacher son haut de maillot de bain et alla rejoindre les enfants qui jouaient un peu plus loin. Elle avait tout vu et me prenait sans doute désormais pour un voyeur. Heureusement, elle ignorait que mon attitude avait été inspirée par un acteur de film X...

L'ASCENSEUR

Les ascenseurs des grands immeubles se ressemblent tous. Les mêmes scènes s'y répètent jour après jour, quasi immuables. Ainsi, après une matinée de travail chargée, j'ai à peine le temps de descendre au restaurant de l'hôpital situé – quelle idée ! – au sous-sol du bâtiment. Or, ce midi-là, quatre autres personnes attendent avec moi l'arrivée de la cabine. Les portes s'ouvrent, coup de chance : elle est vide. Nous nous serrons en silence dans cet espace minuscule, chacun regardant ses chaussures ou son sac à main. J'appuie sur le bouton « -1 » sans même solliciter les autres.

Arrivé au cinquième, l'ascenseur s'arrête et s'ouvre sur une grosse dame habillée en violet. Les gens font mine de ne pas la regarder et chacun s'arrange pour prendre un petit peu plus de place. Instinctivement, nous bougeons de quelques centimètres, ouvrant les épaules ou écartant discrètement les bras afin de bien montrer qu'il n'y a plus assez d'espace pour une personne supplémentaire. Histoire sans parole : la porte se referme sur la dame en violet et nous repartons.

Coincé entre une odeur de lotion après-rasage bon marché et un parfum d'aisselle douteuse, la descente me semble interminable. Je regrette d'un coup de ne pas avoir pris les escaliers. J'ai l'impression de perdre mon temps et de devoir subir l'haleine trop forte de mon voisin. Je tourne la tête pour y échapper et me retrouve face à mon reflet dans le miroir. Le néon de la cabine me donne une mine épouvantable. Avec mes cernes accentués et mon teint blafard, j'ai l'air d'avoir cent ans. J'observe discrètement le visage de ma voisine dans la glace et cela me rassure : elle aussi paraît franchement moche, alors que je la sais assez jolie en réalité.

L'ascenseur prend un temps fou à se stabiliser à l'arrivée, mais la porte s'ouvre enfin. Je fonce comme un boulet de canon sans prêter attention aux autres occupants. L'air frais me fait du bien après cette atmosphère lourde et confinée. À peine ai-je fait quelques mètres que j'entends un : « Je vous en prie madame, allez-y » sonore, si sonore que je sens qu'il m'est adressé. Je me retourne. L'homme derrière moi bloque la porte avec sa main, empêchant qu'elle ne se referme afin que la jolie jeune femme puisse sortir.

Me voilà donc qui passe pour le parfait goujat égoïste. Au même instant, j'aperçois Jean-Pierre, un collègue qui doit avoir quinze ans de plus que moi, descendant l'escalier comme une flèche. Il était encore assis à son bureau quand je me suis dirigé vers l'ascenseur mais il va arriver au restaurant avant moi. En passant à ma hauteur, il me demande si tout va bien, avec une nuance d'inquiétude dans la voix, comme s'il ne comprenait pas que j'utilise pour descendre un moyen de locomotion plutôt réservé aux paresseux et aux personnes âgées.

CINQUIÈME PARTIE

Les hontes de toute une vie

« Mieux vaut la honte sur le visage
que la tache dans le cœur. »

Cervantès

Les petites hontes sont généralement de courte durée et nous parvenons à les oublier rapidement. Mais si nous n'y prêtons pas attention, un danger plus grave nous menace : il est en effet plus risqué qu'on ne le croit de s'écarter peu à peu de soi-même, de laisser nos faiblesses prendre le dessus sur notre volonté et de s'engager dans des voies qui ne nous correspondent pas réellement.

Lorsque cela se produit, deux options sont possibles. Soit nous nous adaptons à l'existence qui s'est imposée à nous, soit la réalité de ce que nous deviendrons finira par éclater violemment devant nos yeux, nous plongeant dans une honte profonde et durable.

Les histoires qui suivent en témoignent. Elles montrent qu'il est parfois nécessaire de se remettre en question profondément, sans quoi la vie risque de se charger de nous y forcer sans le moindre ménagement. D'où la nécessité, aussi, de prendre garde aux alertes qui se produisent dans notre quotidien et dont les petites hontes font partie.

Les misanthropes

De la plupart des petites hontes que j'ai vécues, qui ne m'ont pas totalement traumatisé, je n'ai tiré aucune conclusion hasardeuse sur la nature humaine. Ce qui ne fut pas le cas de mon ami Guillaume, avec lequel je discutais un jour de la vie et de nos relations aux autres. Misanthrope complet, il pourfendait la terre entière. Jusqu'au jour où...

« Dès mes premiers jours à l'école, j'ai commencé à détester les autres, me raconta-t-il. La simple vue de mes camarades de classe m'insupportait. Je n'arrivais pas à comprendre pourquoi les professeurs, des adultes a priori sérieux, gâchaient leur temps avec ces êtres inutiles et mal finis. Je les observais sur l'estrade, imposants dans leurs tenues strictes face à ces nains mal fagotés, et j'avais honte de me retrouver assis au milieu des autres gosses en blouse.

Très vite, je me suis rangé du côté des profs pour essayer de leur ressembler et les aider à mater les cancres qui composaient ma classe.

« Ainsi, les devoirs sur table sont devenus mon régal. J'aidais à dénoncer les tricheurs en regardant fixement dans leur direction pour attirer l'attention de mes maîtres. Quand un voisin me demandait une réponse, je lui chuchotais avec délectation une série d'erreurs. Les interrogations orales me plaisaient encore plus : je ricanais fort quand un élève séchait afin de mieux le déstabiliser et je jubilais au moment où il se mettait à pleurnicher. Bien sûr, un tel comportement n'attirait pas franchement la sympathie, mais comme j'étais le plus costaud de la classe, personne n'a jamais osé s'en prendre à moi. Je sentais même que certains camarades de classe m'admiraient malgré eux.

« À l'adolescence, j'ai découvert que la seule chose qui m'intéressait chez les femmes était leurs défauts. J'ai donc pris l'habitude de rechercher avec minutie ce qui clochait chez chacune d'elles et j'avoue que j'ai souvent trouvé de quoi me faire plaisir. Ma première conquête, Marie-Claire, m'attira par son côté difforme. Son visage s'avérait plutôt joli, mais elle avait des cuisses et des fesses tellement énormes que ça la rendait presque comique.

« Au début de notre rencontre j'ai fait comme si je n'avais rien remarqué, feignant de ne pas voir les efforts qu'elle déployait pour paraître mince. Cela me permit de gagner sa confiance. Dans les semaines qui suivirent, je lui ai offert un short dans lequel elle n'a jamais pu rentrer, un coffret de barres amincissantes et une robe de femme enceinte qui avait appartenu à ma cousine. En la voyant souffrir en silence, j'ai éprouvé de vrais moments de plaisir. Plus je disséquais ce qui lui faisait mal, plus je m'épanouissais. Quand elle est devenue dépressive, j'ai commencé à m'ennuyer. Je l'ai quittée du jour au lendemain et me suis intéressé à Caroline.

« Elle était caissière au supermarché à côté de chez moi et je l'avais remarquée un lundi soir en faisant mes courses. Il m'a suffi de l'observer quelques instants pour constater toute l'application qu'elle mettait à paraître élégante malgré sa blouse aux couleurs du magasin. Elle utilisait tous les accessoires possibles pour se donner l'air classe : serre-tête en velours noir, collier de perles, maquillage... Je n'ai eu guère de mal à la séduire et elle m'a avoué rapidement qu'elle était fauchée mais ne voulait surtout pas le montrer. Sautant sur l'occasion, je l'ai entraînée dans les soirées les plus huppées de la capitale. J'ai savouré son désarroi le jour où elle a taché la robe du soir qu'elle avait louée pour l'occasion. Je lui ai dit adieu au moment le plus délicieux de notre vie amoureuse, quand elle m'a appris qu'elle s'était fait pincer en volant au supermarché. Elle s'est justifiée en disant qu'elle n'arrivait plus à suivre les dépenses liées à nos sorties de plus en plus fréquentes. J'ai pris un air offusqué et lui ai annoncé que tout était fini.

« Le lendemain, je jetai mon dévolu sur Béatrice, une coiffeuse qui avait arrêté ses études à quatorze ans. Je l'ai invitée dans tous les cercles littéraires que je connaissais, la forçant à assister à des soirées intellos où on lui demandait son avis à tout bout de champ. Et tandis qu'elle prenait la parole, je m'arrangeais pour qu'elle me voie en train d'échanger avec un voisin de table un regard affligé.

« Cette relation aux autres, née pendant l'enfance, se perpétue plus que jamais aujourd'hui. Depuis peu, je fréquente Audrey, qui cache sous un fond de teint épais une tache lie-de-vin sur sa joue. J'envisage de l'emmener bientôt partager un après-midi dans un sauna.

« Comme l'a été ma scolarité, ma vie professionnelle est une réussite. J'ai gravi tous les échelons de la société d'assurances où je travaille en torpillant tous mes collègues. De fait, je suis paresseux et incompétent. Plus exactement, je me désintéresse totalement de ce qui se passe dans l'entreprise. Malgré cela, arriver au poste de directeur général n'a pas été compliqué. C'était juste une question de temps : j'ai d'abord sympathisé avec tous les employés jusqu'à en inviter certains chez moi à dîner ; ensuite, après des soirées bien arrosées, je les ai poussés à la confidence. Ils m'ont initié à toutes leurs petites arnaques. Les uns pointaient à la place des autres, les autres constituaient de faux rapports pour indemniser des copains, d'autres encore disaient du mal de leur supérieur en lâchant de petites vérités, et ainsi de suite.

« Chaque fois, je me suis empressé de tout rapporter à mes supérieurs hiérarchiques, gagnant leur confiance. Progressivement, ils se livraient des révélations jusqu'à ce que j'aie assez de matière pour les trahir à leur tour. J'ai connu de grands moments de plaisir chaque fois que l'un d'eux se faisait licencier. J'adorais les voir partir honteux, ne sachant pas comment ils allaient payer les traites de leur pavillon ou comment annoncer la nouvelle à leur famille.

« On pourrait penser qu'en me conduisant de la sorte, je me suis fâché avec la terre entière, mais c'est faux : il reste mon ami Victor – et toi bien sûr, mais c'est autre chose. Je l'ai connu à l'âge de dix ans, dans la cour de récréation. Il arrachait lentement les ailes d'un papillon qui se débattait. La semaine suivante, je lui montrai comment enlever la carapace d'un escargot vivant. Vingt-cinq ans plus tard, nous continuons à nous voir. Il est maintenant commissaire de police. Lui aussi a compris le mode d'emploi pour prendre rapidement du galon. Il n'a pas son pareil pour faire craquer les gens en les harcelant, qu'il s'agisse de flics ou prévenus. En outre, il est champion toutes catégories de la rédaction de rapports assassins sur le non-respect des règles administratives, surtout les plus inapplicables. Lui et moi, nous haïssons les autres et cela nous unit.

« Nous avons pris l'habitude de nous retrouver chez moi une fois par mois, pour prendre un apéritif avant d'aller dîner au bistrot du coin. Chaque fois, nous passons de savoureux moments à nous délecter des cruautés que nous avons infligées à autrui, en toute légalité. Nous ne nous le sommes jamais dit ouvertement, mais il existe entre nous une sorte de compétition dans la cruauté. C'est à celui qui ira le plus loin. Les soirées où nous comparons nos méthodes et nos résultats sont un vrai délice.

« Un soir où nous avions rendez-vous, j'avais été retardé par un embouteillage. En arrivant dans le hall de mon immeuble, je tombai nez à nez avec la mère Drut, ma voisine de palier. Inutile de dire que je déteste cette vieille dame toute tremblante qui sent le renfermé. À mon grand désespoir, elle m'interpella dès qu'elle me vit entrer.

— Excusez-moi monsieur, mais l'ascenseur est encore en panne. Je suis chargée comme un mulet et je ne vais pas arriver à monter mes commissions jusqu'au troisième. Pourriez-vous m'aider ?

— Moui, j'vous en prie, grommelai-je, furieux que personne ne soit passé pour l'assister avant moi.

« J'empoignai ses cabas qui pesaient effectivement très lourd et je montai les escaliers. Au moment où je déposai les sacs devant sa porte, elle me lança :

— Vous êtes vraiment trop gentil, je ne sais pas comment vous remercier.

« En me retournant vers ma porte, je découvris Victor qui m'attendait pour notre soirée habituelle. Il me regardait avec un profond mépris. Une citation de Rodney Dangerfield me revint alors en mémoire : "J'ai dit à mon psy que tout le monde me détestait. Il m'a répondu que j'étais ridicule, que tout le monde ne me connaissait pas encore." »

Et moi, que devais-je faire devant ses aveux de misanthropie prise en défaut ? Compatir ? Certes non. Mais prendre mes distances assurément. Et rire sous cape de sa mésaventure : un arroseur arrosé m'a toujours amusé ! D'autant que, depuis, il ne s'en est jamais remis !

L'HÉRITIER

Mon ami Jacques fait partie de ces personnages qui vous marquent dès la première rencontre. Son charisme a quelque chose d'indéfinissable. Est-ce sa façon de regarder les autres droit dans les yeux, sa voix enveloppante et profonde, ses gestes protecteurs, son physique robuste dont émane paradoxalement une certaine tendresse ? En tout cas, il inspire immédiatement la sympathie, ce qui lui a souvent rendu service. Mais lorsque nous reprîmes contact par hasard après nous être perdus de vue durant quelques années, sa force de caractère me sembla durement entamée, presque éteinte. Je craignais que quelque chose de grave ne lui soit arrivé et je me résolus à lui demander ce qui n'allait pas. L'histoire qu'il me raconta me fit comprendre son mal-être.

Son père était mort cinq ans plus tôt, le laissant héritier d'un domaine de trente hectares dans un coin perdu de la Drôme. La terre y était sèche et d'une qualité assez médiocre, l'endroit ne présentait aucun attrait touristique particulier et n'était accessible qu'après un long périple sur des départementales tortueuses. Au tout début, Jacques ne s'y intéressa pas du tout et n'y pensait déjà presque plus quand, au bout de six mois, une lettre des impôts lui rappela qu'il devait s'acquitter des droits de succession. Le montant l'obligeait non seulement à sacrifier toutes ses économies, mais aussi à emprunter sur quinze ans. D'abord réticent, il finit par s'y résigner, songeant qu'il pourrait vite se rembourser à la vente du domaine.

Il décida de profiter des deux mois de vacances d'été que lui offrait son poste de professeur de français pour se rendre sur place et s'occuper de la vente. Il n'était d'ailleurs pas mécontent de changer un peu d'air car même s'il n'osait se l'avouer, la routine et l'ennui commençaient à le gagner.

Une fois là-bas, il redécouvrit l'immense propriété dont le centre était une petite ferme désaffectée, perchée au sommet d'une colline rocailleuse d'où l'on dominait tous les alentours. Aucune habitation n'étant visible à des kilomètres à la ronde, Jacques fut gagné par une sensation d'éternité sous le silence profond du ciel.

Des bribes de souvenirs d'enfance lui revenaient : il revoyait ses grands-parents allumant des bougies pour s'éclairer le soir ou son père lui expliquer comment tirer l'eau du puits. La maison n'avait pas changé depuis des décennies, les travaux de confort minimum n'avaient jamais été réalisés mais cela conférait aux moments passés là-bas un parfum d'aventure. Jacques se souvenait de grandes balades l'été avec son père, qui lui faisait découvrir les paysages, les animaux cachés, les fleurs sauvages.

Il eut besoin d'un peu de temps pour faire le deuil de ce passé enfoui, mais, après quelques jours, il se sentit prêt et se rendit dans une agence immobilière de Dieulefit, le bourg le plus proche. La première estimation du prix de vente le déprima complètement. Certes, la propriété n'avait pas grand-chose pour attirer d'éventuels acquéreurs, mais le montant annoncé ne permettrait même pas de rembourser le quart du prêt contracté. Un rendez-vous avec une deuxième agence ne fit que confirmer le verdict : impossible d'espérer récupérer plus de trente mille euros.

Encore fallait-il trouver un acheteur avec la quantité de travaux à entreprendre pour rendre les lieux habitables et offrir un minimum de confort.

De retour à la ferme, Jacques s'assit à la grande table en bois de l'unique pièce. La tête entre les mains, il cherchait une solution ; pour la maison mais aussi pour sa propre existence qui s'annonçait déjà toute tracée et dans laquelle une part de lui-même désirait insuffler un peu d'inattendu. Retrouver une sensation de risque, d'imprévu, vivre plus intensément, dessiner des chemins qui n'existaient pas encore : voilà ce à quoi il aspirait véritablement.

Le lendemain matin, une idée jaillit, évidente comme le soleil qui montait dans le ciel : diviser ce domaine de trente hectares en soixante parcelles et vendre chaque lot séparément. En cédant chaque demi-hectare à mille euros, Jacques récupérait le double de la somme évoquée par les agences immobilières. « Devenez propriétaire pour mille euros », voilà ce qu'il allait lancer ! Il était certain que ce concept pouvait fonctionner s'il le soutenait suffisamment. Dès le lendemain, il exposa son projet au notaire local, qui faillit tomber à la renverse en l'écoutant.

— Mais enfin, ça ne marchera jamais ! s'exclama ce dernier.

Jacques, s'attendant à cette réaction, avait préparé son argumentaire :

— Si vous raisonnez selon les critères habituels du marché immobilier, cela n'a effectivement aucune chance de fonctionner. Mais n'oubliez pas que nous parlons d'un investissement de mille euros par acheteur. Le prix d'un ordinateur, d'une télévision ou d'une semaine de vacances. À ce tarif, tout devient possible : offrir un terrain en cadeau d'anniversaire ou de Noël, un endroit rien que pour rêver et se retrouver, faire des projets, regarder les étoiles...

Le notaire toussa et s'épongea le front, toujours sceptique :

— Même si vous parvenez à vendre quelques terrains, cela vous prendra des années. Et pour moi, cela implique des dizaines de petits actes coûteux en temps pour des honoraires infimes.

Jacques s'approcha lentement de lui et posa sa main sur la sienne :

— C'est possible. Mais je suppose que vous avez saisi l'intérêt que représente pour vous cet afflux de nouveaux clients qui, grâce au terrain qu'ils s'offriront, viendront découvrir la région. Vous pourrez alors leur proposer une des maisons à vendre dont j'ai vu les photos jaunies dans votre vitrine.

Le charisme de Jacques, la confiance qu'il savait instaurer avec ces interlocuteurs, son insistance bienveillante finirent par faire effet sur le notaire.

— Bon, écoutez, nous allons essayer, mais c'est bien parce que c'est vous. Tenez-moi au courant si jamais vous avez un client. Je m'engage même à vous offrir le champagne !

Jacques passa le reste des vacances à peaufiner son projet. Il redessina le domaine en soixante parcelles égales et traça un chemin permettant d'accéder aux mini-propriétés. Il acheta des pics blancs pour délimiter les différents lots, auxquels il attribua des noms plutôt que des numéros : il s'inspira d'abord des fleurs de la région, puis des cours d'eau voisins, avant de passer aux artistes, écrivains et poètes locaux, pour terminer par les noms des étoiles des constellations visibles depuis la colline.

Fin août, il regagna Paris, emportant avec lui les plans et détails du projet. Restait maintenant la question principale : comment trouver des acheteurs ? Plusieurs idées lui étaient venues, mais il n'était pleinement convaincu par aucune d'entre elles. Il jugea donc utile de demander conseil et se tourna vers Antoine Tirois, un journaliste qui prenait souvent son petit déjeuner dans le même café que lui et avec lequel il avait lié connaissance.

Il l'attendit plusieurs matins de suite en vain, mais Antoine finit par se montrer. Dès qu'il le vit, Jacques lui fit signe de venir s'installer à côté de lui et lui exposa les détails de son projet. Le journaliste l'écouta avec attention.

— Votre idée est très sympathique, commenta-t-il. Il y a chez tous les gens une impulsion viscérale à devenir propriétaire d'une maison, d'un terrain, de quelque chose d'immuable. Quelque chose qui dure, que l'on puisse transmettre. Vous rendez cela accessible, ça peut donc marcher ! Mais comment faire ?

Il se tut, les sourcils froncés, et réfléchit silencieusement.

— J'ai trouvé ! fit-il soudain. Vous devriez donner les premiers terrains pour vous faire connaître. Contactez les grandes marques qui organisent des concours, elles seront ravies de disposer de lots gratuits. Vous pouvez aussi faire appel aux associations qui organisent des tombolas lors de galas de charité. En échange, demandez simplement qu'on parle de votre concept et vous verrez, tout le monde aura bientôt envie d'offrir un petit terrain pour Noël. Vous allez faire un tabac.

Fort de ces conseils, Jacques passa le week-end à préparer un dossier très complet, avec photos des lieux à l'appui et de nombreux arguments sur les attraits de la région. Grâce à lui, il obtint de nombreux rendez-vous, aussi bien auprès de grandes entreprises que d'organismes caritatifs. Ses interlocuteurs l'accueillirent toujours chaleureusement et lui promirent de le rappeler. Hélas, souvent sans suite.

Un jour, le déclic se produisit. Jacques reçut un coup de fil d'une journaliste qui avait entendu parler de son projet par la responsable marketing du magazine où elle travaillait. Celle-ci ne prévoyait pas d'organiser de concours dans l'immédiat, mais avait promis de faire circuler le dossier dans la rédaction. Il avait atterri sur le bureau d'une journaliste préparant un dossier sur les « low-cost » insolites. Elle avait immédiatement eu un coup de cœur pour le concept et avait convaincu sa chef de rubrique de lui accorder une pleine page. Elle contactait donc Jacques pour ensuite le rencontrer sur place, l'interviewer, prendre des photos, etc. Sans le savoir, elle allait changer l'existence de ce professeur de français un peu excentrique.

Séduite par la beauté sauvage du lieu, la jeune femme rédigea son article de manière particulièrement dithyrambique, fournissant ainsi une publicité inespérée à Jacques. Le jour de la parution du magazine, il faisait passer un bac blanc écrit à ses élèves de première. À peine avait-il distribué les sujets qu'il sentit son téléphone vibrer dans sa poche. D'habitude, il se contentait de laisser sonner et attendait la pause pour écouter l'éventuel message, mais cette fois-ci les choses étaient différentes : il pouvait s'agir d'un client intéressé, il ne devait surtout pas le laisser passer. Jacques s'isola donc dans un coin de la salle de classe et décrocha.

— Allô ? Bonjour, je suis M. Granier. Je viens de découvrir dans la presse que vous vendiez des terrains pour seulement mille euros le demi-hectare ? C'est bien ça ?

— Oui, tout à fait, fit Jacques, qui sentait l'excitation le gagner.

— Bien, je suis partant pour en acheter un tout de suite pour mon anniversaire de mariage. Pourriez-vous me donner plus de détails ?

Jacques sentit qu'il touchait au but, que ses efforts allaient enfin être récompensés. Laissant ses élèves à leur commentaire composé, il sortit dans le couloir pour parler plus librement.

— Oui, il s'agit de terrains situés dans les hauteurs de la Drôme. Les paysages sont magnifiques, la nature est restée intacte. Je vous propose de vous envoyer des photos et les plans, cela sera plus parlant qu'un long discours. En plus, osa Jacques, il y a eu un désistement ce matin, un des meilleurs terrains disponibles s'est libéré. Si vous êtes d'accord, nous pouvons convenir dès maintenant d'un rendez-vous chez le notaire pour la promesse de vente.

Le mot notaire rassura le client qui reprit :

— C'est parfait. Promettez-moi de me le mettre de côté, je peux même vous envoyer tout de suite le chèque si vous le souhaitez.

L'affaire fut rapidement entendue, au grand soulagement de Jacques qui avait plus d'une fois douté de la crédibilité de son idée. Il était alors loin d'imaginer que son portable sonnerait sans arrêt toute la matinée, l'obligeant à d'incessants allers-retours entre la classe et le couloir.

À midi, il avait déjà prévendu neuf terrains. À la fin de la semaine, il atteignit les dix-sept. Le samedi suivant, il donna rendez-vous aux acheteurs chez le notaire. Un acte standard fut rédigé : il suffisait de changer à chaque fois de numéro de lot. Certains acheteurs groupaient deux terrains pour avoir « un hectare entier ». Le soir, le notaire sortit le champagne comme promis : vingt-deux terrains avaient été vendus en un clin d'œil. Ils n'en revenaient pas, ni l'un ni l'autre.

Le succès du projet ne se démentit pas et donna de nouvelles idées à Jacques. En effet, la plupart des acheteurs lui demandaient des adresses d'hôtels ou de chambres d'hôtes proches des terrains, ainsi que des magasins de bricolage et jardinage afin de venir le week-end aménager leur parcelle. Or il n'y avait rien à proximité immédiate. Jacques décida alors de tenter le tout pour le tout : il démissionna de l'Éducation nationale et se lança tête baissée dans une nouvelle aventure : transformer la ferme en chambres d'hôtes, avec une petite boutique de bricolage attenante où vendre tout le nécessaire pour agrémenter les terrains : outils, bottes, engrais, piquets de clôtures, grillages, et même de petits oliviers faciles à planter soi-même qui eurent beaucoup de succès. Cette nouvelle activité fut bientôt plus rentable que la commercialisation des terrains elle-même.

Fort de son succès, Jacques agrandit la ferme, recruta du personnel et sa petite entreprise prospéra si bien qu'il décida de renouveler l'opération ailleurs. Il acheta donc un domaine de quarante-cinq hectares et recommença le programme, puis un autre quelques mois plus tard. Au bout de cinq ans, il avait acheté et revendu plusieurs centaines d'hectares, faisant ainsi le bonheur de nombreux citadins ravis de venir visiter leur bout de terrain, voir pousser les arbres, enlever les mauvaises herbes et se donner l'impression d'être propriétaires de quelque chose. Certains venaient camper sur leur lopin de terre mais la plupart logeaient dans les chambres d'hôtes de Jacques. La réussite était totale.

Un après-midi de juin où il était venu à Paris rencontrer une banque d'affaires pour financer une nouvelle opération, Jacques tomba nez à nez avec Francis Beauville, vieil ami de fac qui avait décidé d'être prof comme lui. Étudiants, ils avaient partagé les mêmes rêves : refaire le monde, parcourir la planète, devenir poètes. Et surtout enseigner, afin de contribuer à la transmission des idées et donner aux prochaines générations une vision du monde plus fraternelle, plus tolérante. Ils étaient convaincus que changer la société en profondeur passerait par l'enseignement des valeurs d'éthique et de liberté.

Tandis que les souvenirs de cette époque revenaient d'un coup à la surface, Jacques serra Francis dans ses bras, ravi de le revoir. Ce faisant, il fit tomber sa mallette qui s'ouvrit en heurtant le trottoir, éparpillant le dossier de prêts et les dizaines de fiches sur les prospects d'un autre programme. Il se précipita pour ramasser ses précieux documents et éviter qu'ils ne tombent dans le caniveau. Francis l'aida en riant, sous le regard indifférent ou amusé des passants. Jacques était encore courbé à ramasser les dernières feuilles quand il entendit un « Bonjour monsieur », plein de respect et de déférence.

Instinctivement, il se releva avec un large sourire, prêt à rendre ce salut qu'il pensait lui être destiné. Il se trouva face à un jeune homme qu'il ne connaissait pas et qui se tourna vers Francis.

— Tiens, bonjour Nicolas, dit ce dernier, comment vas-tu ?

— Très bien monsieur Beauville, merci. Je suis content de vous revoir.

— Moi aussi, quel hasard ! Alors quoi de neuf ? Que fais-tu comme études maintenant ?

— Je viens de réussir le concours d'entrée à Polytechnique, répondit Nicolas avec une fierté mesurée.

— Polytechnique ? Bravo, tu peux être fier de toi !

— Oui, mais puisque nous nous croisons, je tiens à vous dire que vous avez beaucoup contribué à ce succès. C'est vous qui m'avez transmis l'essentiel, l'envie d'apprendre, de dépasser mes limites. Sans vous, jamais je n'aurais osé m'attaquer à des concours aussi difficiles. Je me souviens encore de cette phrase de Churchill que vous nous répétiez souvent.

— Ah oui ? Laquelle ? Je ne m'en souviens plus.

— « Tout le monde savait que c'était impossible à faire. Puis, un jour, est venu quelqu'un qui ne le savait pas, et il l'a fait. » Cela m'a souvent été utile. D'ailleurs, je suis resté en contact avec plusieurs copains de l'époque, eux aussi se souviennent très bien de vous et m'ont dit à quel point vous leur aviez ouvert les yeux sur des valeurs importantes. Je vous dois donc un grand merci.

Flatté par ce que venait de lui expliquer le jeune homme, Francis en avait presque oublié la présence de Jacques.

— Heu... merci beaucoup, c'est trop. Je vais rougir. À propos, je vous présente mon ami Jacques. Il était également enseignant, mais... Jacques, je crois que tu es dans les affaires maintenant, non ?

— Oui, enfin, disons l'immobilier.

— Bonjour monsieur, fit Nicolas avec indifférence, puis il reprit sa conversation avec Francis comme si Jacques n'existait pas.

Jacques serra alors sa mallette contre lui, de peur qu'elle ne s'ouvre à nouveau sur le trottoir. Il sentit à travers le cuir les feuilles éparpillées qui, d'un coup, n'avaient plus grand sens, témoins de son existence à ses yeux devenue absurde.

La méprise

François, un ami psychiatre, me raconta un jour l'histoire d'un de ses patients que nous appellerons Léon.

Surprotégé par sa mère qui voyait le mal partout, à grands renforts de « Ne t'approche pas du petit garçon, il tousse ; éloigne-toi du chien, il pourrait mordre ; dépêche-toi de manger ton pain au chocolat avant qu'on ne te le prenne », il avait très tôt détesté les autres. Durant son enfance, il n'aspirait donc qu'à jouer dans son coin sans être dérangé. Au bac à sable, il accueillait les autres bambins à coups de pelle et de râteau, les considérant comme des menaces potentielles pour son goûter ou ses jouets.

En grandissant, Léon avait continué à limiter autant que possible les contacts avec l'extérieur et, a fortiori, autrui. Selon lui, les gens ne pouvaient lui apporter que des ennuis. Il n'avait aucun copain de classe et préférait s'asseoir seul à une table, de peur que l'on puisse copier sur lui ou, pire, vouloir lui parler. En sixième, un voisin de table avait ainsi essayé de sympathiser, proposant à Léon de se retrouver après la classe pour un tour de vélo. La réponse n'avait pas tardé : un « Pas question » si glacial que ce frêle début d'amitié avait été brisé net.

Une fois adulte, Léon avait trouvé un travail dans une administration chargée de détecter les copies illégales de logiciels. Cet emploi, bien qu'assez routinier, faisait son bonheur : traquer ceux qui essayaient de piquer les jouets des autres, le rêve !

Sa mère étant décédée, il était resté vivre dans le pavillon en briques rouges, seul héritage d'un père qu'il n'avait pas connu, situé au fond d'une impasse morne de Meudon. Une bonne partie de ses revenus avait été investie dans un système d'alarme ultra-perfectionné, un superbe panneau « Chien méchant » et un spectaculaire dais en tessons de bouteilles sur le mur d'enceinte.

En résumé, si quelqu'un avait demandé à Léon ce qu'il aurait aimé emporter sur une île déserte, il aurait sans doute répondu : « Rien du tout. » La simple absence des autres aurait suffi à le combler de bonheur. Mais de toute façon, personne ne lui demandait jamais rien.

Pourtant, une part de lui-même souffrait atrocement et espérait secrètement que quelqu'un entre dans sa vie et le guérisse de sa misanthropie. Il crut ce jour arrivé lorsqu'un matin, descendant de l'autobus au pied de son bureau, il remarqua une jolie rousse parmi les gens massés devant l'entrée. À sa grande surprise, elle agita les bras avec enthousiasme en l'apercevant, comme pour le saluer. Il ne la reconnaissait pas mais lui fit un grand bonjour de la main, tandis que plusieurs badauds tournaient la tête vers lui.

En avançant vers l'inconnue, Léon réalisa qu'elle regardait en fait légèrement à sa droite. Il se retourna et vit derrière lui un bel homme, chaleureux et plein de vie, qui accourait vers la jeune femme.

La main de Léon retomba avec lenteur et maladresse. Machinalement, il se lissa doucement les cheveux afin de se donner une contenance, mais il avait le sentiment que toute la rue le fixait et se moquait de lui. Rouge de honte, il s'engouffra dans l'immeuble en ne jetant même pas un regard vers la belle rousse et l'inconnu qui s'embrassaient. En arrivant à son poste, il eut envie de parler à un collègue, de raconter enfin le vide et la déshérence qui caractérisaient son existence, mais il se souvint comment il leur avait tous fait comprendre qu'il ne souhaitait créer aucun lien avec eux. Il se sentit plus ridicule et plus honteux encore de n'avoir même pas quelqu'un à qui exprimer ce qu'il ressentait.

Retour difficile

Prendre conscience de ce qui nuit à notre bonheur impose parfois de traverser des épreuves douloureuses. Lesquelles font ressurgir des douleurs, des frustrations ou des hontes enfouies au plus profond de nous-mêmes et longtemps refoulées. L'histoire d'Olivier, ami de longue date de ma femme, en témoigne.

Tout semblait réussir à cet homme sympathique et doué. Lorsqu'il avait ouvert son cabinet dentaire au début des années 1990, la clientèle avait rapidement afflué, au détriment des praticiens environnants. Ceux-ci s'interrogeaient sur les raisons de son succès, sans trouver de réponse. En fait, tout tenait à quelque chose d'inhabituel dans son contact avec les patients : Olivier accordait un soin tout particulier à l'accueil. Dès le premier rendez-vous, il les regardait droit dans les yeux comme s'il comprenait déjà leurs problèmes et leurs personnalités, leur serrait la main avec fermeté et chaleur avant de la poser sur leur avant-bras avec douceur. Ce savant mélange, tout à fait naturel chez lui, se révélait particulièrement sécurisant pour les gens qu'ils soignaient.

Sa vie personnelle n'était pas en reste : marié à une très jolie femme, il était l'heureux père de deux enfants adorables. Son existence particulièrement active ne lui laissait pas une minute de libre, mais cela lui convenait. Il regrettait parfois de ne pas pouvoir rendre plus fréquemment visite à ses parents qui habitaient Tarbes, mais l'aller-retour prenait à lui seul deux jours, ce qui ne facilitait pas les choses. Pour compenser, il essayait de leur passer un coup de fil dès qu'il en avait l'occasion, mais son rythme de vie ne lui laissait guère le temps d'y penser.

Un matin, à cinq heures, son téléphone retentit dans le silence de l'aube. Olivier essaya d'abord de faire comme s'il n'avait rien entendu en se cachant sous l'oreiller, mais la sonnerie continuait, si bien qu'il finit par se lever et se dirigea maladroitement vers le combiné. Il décrocha, pensant qu'il s'agissait d'une erreur et s'apprêtant à lancer une remarque acerbe.

— Allô ? fit-il d'une voix pâteuse.

Rien. Un long silence.

— Qui est-ce ? demanda-t-il, prêt à raccrocher si personne ne répondait.

— Olivier ? répondit finalement une voix faible entrecoupée de sanglots.

— Oui, c'est toi maman ? Que se passe-t-il ?

— Ton oncle est mort dans la nuit, répondit sa mère en pleurant.

— Mort ? Mais qu'est-il arrivé ?

— Une crise cardiaque. Le SAMU n'a pas pu le réanimer. C'est affreux.

— Je suis désolé pour toi, je sais que vous étiez très proches. Comment te...

— L'enterrement aura lieu dans les prochains jours à Tarbes, coupa-t-elle sèchement. Ton oncle était ton parrain, tu dois être présent.

Elle sanglota encore et raccrocha avant qu'Olivier ait pu ajouter quoi que ce soit, comme si les pleurs l'empêchaient d'en dire davantage.

Trois jours plus tard, mal à l'aise dans un costume sombre qu'il ne mettait jamais, Olivier sonna à la porte de la demeure familiale, grosse bâtisse écaillée typique des maisons de notables provinciales. La plaque de notaire de son père était encore accrochée sur la façade, bien qu'il ait cessé d'exercer depuis près de vingt ans.

En entrant, il reconnut tout de suite l'odeur familière d'encaustique et de renfermé qui se répandait partout comme autrefois. Plus jeune, il avait eu du mal à supporter cette senteur qui s'insinuait dans les moindres recoins de sa chambre. La humer à nouveau libéra de nombreux souvenirs d'enfance qui se bousculaient confusément dans son esprit. Comme le déjeuner était prêt, sa mère lui demanda de passer à table, où son père et son frère Laurent attendaient déjà.

En s'asseyant, il ressentit immédiatement un malaise : se retrouver brutalement dans le cercle familial de son enfance qu'il avait quitté à dix-huit ans et qui semblait n'avoir pas évolué le troubla. Il réalisa que son départ pour Paris, dicté par la révolte contre une famille figée, avait engendré chez lui un sentiment diffus d'angoisse et de culpabilité. Il l'avait occulté pendant toutes ces années, mais dans ce contexte funeste, le fait de se retrouver exactement à la même place qu'autrefois, sur la même chaise, à côté de son père et juste en face de Laurent, le faisait rejaillir avec force. Il se sentit brutalement redevenir un petit garçon, comme si sa vie actuelle était niée et n'avait jamais existé. Le regard de son frère, qui le fixait sans dire un mot, accentuait encore cette impression.

Lui n'avait jamais quitté la maison familiale. Resté célibataire, il travaillait comme greffier au tribunal. Olivier ne comprenait pas ce choix de vie, mais, de toute façon, Laurent et lui étaient différents depuis toujours. L'aîné se montrait taciturne, mesquin et renfermé. La télévision représentait son unique loisir et il n'avait que très peu d'amis à l'école. Olivier s'était, lui, construit par opposition à ce modèle négatif : sa plus grande crainte étant de lui ressembler, il avait fait tous les efforts pour se montrer sociable, intégré et performant dans tout ce qu'il entreprenait, qu'il s'agisse des études, du sport ou des conquêtes féminines.

D'une certaine façon, Laurent l'avait aidé à devenir ce qu'il était aujourd'hui et, pour rien au monde, il n'aurait voulu échanger leurs rôles. Laurent, totalement dévoué à ses deux parents âgés au point de s'interdire de partir en week-end ou en vacances afin de ne pas les laisser seuls, pensait sans doute la même chose de son côté. Il devait se sentir secrètement un être exceptionnel de par son altruisme et mépriser le mode de vie individualiste de son cadet. Et si chaque frère ou sœur était l'âme damnée de l'autre ? songea Olivier. Le révélateur des mauvais côtés ou de ce qu'il n'a jamais osé être ?

Sortant de son silence, son père le tira de ses réflexions. Ses sourcils froncés et son front contracté annonçaient une salve de reproches.

— Olivier, ta mère a été très malade cet hiver, commença-t-il. Elle a passé une semaine à l'hôpital, souffrant de crises d'asthme à répétition. Les médecins n'en venaient plus à bout.

Olivier rougit, confus :

— Euuuh, et ça va mieux maintenant ? Il fallait me prévenir, je connais peut-être des médecins qui...

Son père le regarda sévèrement et le coupa, élevant un peu la voix :

— Nous ne l'avons pas fait parce que la dernière fois que ta mère a été hospitalisée, nous t'avions prévenu mais tu n'as même pas rappelé pour prendre de ses nouvelles ! Heureusement que Laurent était là, lui. Il est resté à l'hôpital vingt-quatre heures sur vingt-quatre pendant trois jours pour veiller sur elle.

Olivier rougit plus fort, se sentant de plus en plus en faute et découvrant avec effroi l'immense sentiment de honte et de culpabilité qui se réveillait en lui. Il bredouilla quelques paroles d'excuses et le déjeuner se termina en silence. Avant de partir pour l'enterrement, il monta au premier étage en pensant trouver refuge dans son ancienne chambre d'enfant qui n'avait pas changé depuis son départ pour la capitale. Mais en poussant la porte, il eut un pincement au cœur.

Laurent en avait fait son bureau.

Le sens du sacrifice

Très jeune, j'ai ressenti un sentiment confus de honte mêlée de culpabilité, sans comprendre pourquoi. J'avais, d'une certaine façon, la sensation d'être redevable de quelque chose, de n'avoir pas tout à fait mérité ma place dans l'existence. Il fallut attendre que ma mère me raconte les circonstances de ma naissance pour que je comprenne la source de cette impression. Et à quel point elle se révélait justifiée.

— Écoutez, madame, il faut choisir : c'est vous ou l'enfant !

Telle fut l'alternative que le professeur Ravinant présenta à maman deux mois après le début de sa grossesse. Droit dans sa blouse blanche, il jouait nerveusement avec son stéthoscope. Son nœud papillon rouge et ses cheveux blancs soigneusement lissés lui donnaient une allure grave et sérieuse. Il était le grand ponte de l'obstétrique que mes parents avaient décidé de consulter en dernier recours, malgré ses honoraires exorbitants.

— Je vais vous résumer la situation, poursuivit-il. Les confrères qui vous ont examinée avant moi avaient vu juste : vous avez un très gros fibrome utérin. La cohabitation avec votre bébé me semble difficile et périlleuse, votre utérus risque d'être trop petit pour accueillir l'enfant en plus du fibrome.

— Mais enfin, professeur, j'ai mis cinq ans pour réussir à avoir ce bébé et il faudrait maintenant l'éliminer ?

— Je sais que c'est difficile, madame, mais si l'on ne vous opère pas rapidement, vous prenez des risques vitaux, ce n'est pas raisonnable. À l'issue de l'avortement, nous enlèverons le fibrome et vous pourrez ensuite essayer à nouveau d'être enceinte, sans risques cette fois.

— Non, ce n'est pas possible professeur, je suis prête à tout essayer pour garder mon enfant. S'il y a une chance sur mille, je veux la tenter.

Le visage de Ravinant se crispa, il posa son stéthoscope sur son bureau et resta longtemps silencieux, semblant parfois tout proche de parler mais s'arrêtant au dernier moment, comme si l'idée qui lui venait à l'esprit lui paraissait trop dangereuse pour être énoncée.

Voyant son hésitation, ma mère l'implora :

— Professeur, je vous en prie, trouvez quelque chose, vous ne pouvez pas me laisser comme ça.

— Eh bien... Il y aurait peut-être une solution, mais...

— Allez-y, je suis vraiment prête à tout.

— Je dois vous avertir que les chances de réussite sont modestes et que cette option exigerait de vous d'énormes sacrifices.

— Dites-moi de quoi il s'agit, je ferai tout ce qu'il faut pour garder mon enfant.

— Étant donné la taille de votre fibrome, la seule solution pour laisser une chance à votre bébé serait de rester allongée durant toute votre grossesse, avec trois injections par jour. Vous devez savoir que les risques de phlébite et d'embolie pulmonaire sont significatifs dans ce contexte. En bref, vous risqueriez votre vie pour cet enfant. En avez-vous bien conscience ?

Après une profonde respiration, ma mère annonça solennellement :

— Oui, et je suis prête à ce sacrifice.

La décision fut prise de débuter l'alitement le lundi suivant. Le dimanche, elle décida de consacrer sa dernière sortie au marché aux Puces qu'elle appréciait. Qui plus est, elle avait une idée derrière la tête. À la grande surprise de mon père, elle dénicha un buste d'Apollon, dieu grec de la beauté, et l'acheta, demandant à papa de le placer en face de son lit. Elle décréta qu'en fixant tous les jours la statue, son enfant aurait les traits d'Apollon. La chambre ainsi aménagée, elle s'installa dans son lit, bien décidée à y rester jusqu'au terme.

Chaque mois, le professeur Ravinant se rendait à son chevet, ce qui coûtait cher. Lui-même était surpris de voir avec quel stoïcisme sa patiente acceptait son sort.

— Je ne sais pas comment vous parvenez à rester si calme, lui disait-il. Les choses ne doivent pas être faciles... Vous ne souffrez pas trop ?

— Eh bien, chaque fois qu'il bouge, j'ai l'impression que mon ventre va exploser. Je souffre le martyre, mais je fais ce qu'une mère doit faire pour son enfant.

Les longs mois de gestation passèrent, non sans alertes. À plusieurs reprises, ma mère fut conduite aux urgences de la clinique suite à des malaises, des chutes de tension et des craintes de fausse couche. Mais le pire fut évité, et ces incidents augmentèrent encore sa détermination à sauver son bébé.

Le jour tant attendu arriva enfin et, à la grande surprise du professeur Ravinant et de toute l'équipe médicale, l'accouchement se déroula sans difficulté. J'étais même le plus gros poupon de la maternité.

Les infirmières m'avaient d'ailleurs baptisé « bifteck-frites » parce que j'avais toujours faim.

— Tu ne peux pas imaginer la somptueuse fête que nous avons organisée pour ta naissance, me raconta un jour ma mère. Deux cents invités chez Ledoyen, sur les Champs-Élysées, le plus beau, le plus cher. Et toi, tu étais magnifique dans tes langes en soie brodée.

Dans le salon, chez mes parents, j'ai d'ailleurs toujours connu une vitrine en bois foncé dans laquelle étaient exposés tous les trophées de ma naissance : ronds de serviette, hochets et autres timbales en argent offerts par les invités ce jour fastueux.

Reste que, une fois le charme de la fête dissipé, les réalités médicales reprirent le dessus. Ma mère aurait dû se faire opérer de son fibrome peu après ma naissance, mais elle repoussa l'échéance plusieurs années de suite, refusant de me laisser seul à la maison une semaine.

— Tu ne pouvais pas te séparer de moi, tu pleurais tout le temps, me confia-t-elle. Quand je sortais faire les courses, j'attendais d'être sur le palier pour enfiler mon manteau, afin que tu ne t'aperçoives pas que je partais. Parfois, je devais même laisser la porte ouverte lorsque j'allais aux toilettes, sans quoi tu te mettais à hurler. Je sortais le moins possible pour rester avec toi, je n'allais presque plus jamais chez le coiffeur. Autant te dire que j'avais l'air d'une sauvage. Ravinant n'arrêtait pas de me répéter que je risquais une hémorragie à tout moment, faute d'accepter l'opération. La seule chose que tu pourrais un jour me reprocher, c'est de ne pas t'avoir allaité. Mon lait n'était pas assez nourrissant et j'ai été forcée de te donner du lait en poudre.

Plus je grandissais, plus ma mère me révélait de détails sur les circonstances de ma naissance et de mon enfance. Un jour, elle finit par aller jusqu'au bout de l'histoire. À trois ans et demi, j'étais devenu capable de rester plus longtemps seul sans elle. Elle décida donc de subir son opération. Le professeur Ravinant pratiqua une ablation de l'utérus.

— Tu te rends compte, tu avais fait tellement de dégâts qu'après toi, je n'ai pu jamais avoir d'autres enfants, conclut-elle, des larmes dans la voix.

Ce jour-là, j'ai compris d'où provenait l'impression honteuse me hantant d'avoir une immense dette, non seulement envers elle, mais aussi envers ceux qui n'ont pu naître par ma faute.

Étoile filante

Le hasard me donna un jour l'occasion de faire la connaissance de Max, un jeune homme qui n'avait jamais vraiment réussi à trouver sa place dans la société, restant toujours un peu en marge des normes. Il avait grandi à Douai, sous le joug d'une mère autoritaire qui ne le lâchait jamais. Avec une force et un ton n'autorisant aucune discussion, elle décidait toujours de ce qu'il devait faire ou ne pas faire, agissant d'ailleurs de même avec son père. Les deux hommes filaient doux afin d'éviter ses colères.

La situation avait empiré durant l'adolescence de Max : avec son allure raffinée et son physique à la Rimbaud, il faisait douter sa génitrice qui s'interrogeait sur ses préférences sexuelles, d'autant qu'elle ne lui avait jamais connu de petite amie. Max ne comprenait pas son attitude, loin de se douter des questions que se posait sa mère. Il essayait tant bien que mal de suivre les ordres qu'elle lui intimait sans cesse, incapable de dire non et terriblement mal à l'aise dès qu'une situation de conflit s'annonçait.

Loin des turpitudes habituelles des garçons de son âge, il aimait rester de longues heures à regarder les étoiles et à apprendre à les reconnaître. Son rêve secret était d'ailleurs de devenir journaliste dans une célèbre revue d'astronomie, car ses mauvaises notes en mathématiques ne lui laissaient aucun espoir de devenir astronome.

Lorsqu'enfin il quitta Douai pour aller étudier le journalisme à Paris, les choses évoluèrent. Entré à l'école en septembre, il la quitta en mars de l'année suivante pour un poste de standardiste dans une station de radio. À dix-huit ans, il se trouvait déjà immergé dans la vie active.

Tout avait basculé lorsque Max avait rencontré Monique, quelques semaines après son arrivée à Paris. En les voyant aujourd'hui ensemble, de nombreuses personnes sont frappées par leurs disparités. Max, avec ses cheveux blonds mi-longs, ses yeux rêveurs et son corps frêle, incarne une forme d'élégance fragile. Monique, quant à elle, s'avère plutôt petite, épaisse, porte des cheveux noirs coiffés courts, et, détail qui frappe toujours au premier contact, possède un regard débordant de conviction et d'autorité. Le ton persuasif de sa voix et sa façon de fixer intensément ses interlocuteurs lui permettent généralement d'arriver à ses fins sans délai.

Lorsqu'elle avait aperçu Max, assis seul à une table de la cafétéria, Monique l'avait aussitôt repéré comme une proie accessible. Elle n'avait pas tardé à prendre l'initiative et l'avait abordé, lui empruntant son journal au prétexte de vérifier une annonce. Un peu surpris, il avait accepté. Deux minutes plus tard, elle s'asseyait machinalement à sa table. Le serveur passa pour lui demander ce qu'elle voulait. Enfouie dans la lecture du journal, elle annonça, sans même lever les yeux :

— La même chose.

Elle replia ensuite le périodique et se présenta :

— Bonjour, moi c'est Monique, je suis en troisième année.

— Euh... Je suis Max. Je commence mes études pour devenir journaliste.

À peine avait-il terminé sa réponse qu'elle lui proposait de se retrouver le lendemain pour dîner chez elle. Un peu gêné, Max n'osa pas refuser.

La soirée fut très agréable et très arrosée. Après le repas, les deux étudiants discutèrent un moment sur le canapé. Monique, très à l'aise, se rapprochait peu à peu de Max qui ne se rendait compte de rien. Plus vive que l'éclair, elle finit par se jeter rapidement sur lui, l'embrassant à pleine bouche tout en massant doucement sa braguette.

Quatre mois plus tard, elle lui annonçait qu'elle était enceinte.

Lorsqu'elle lui asséna la nouvelle, Monique fut péremptoire : Max devait stopper ses études et trouver un emploi afin de subvenir aux besoins de leur future famille car, bien entendu, c'était lui le coupable. En outre, il était hors de question d'avoir un enfant hors mariage. Il fallait donc convoler sans attendre.

Max se trouva totalement perdu dans ce contexte, tiraillé entre la joie de devenir père, la soudaineté des événements, la réticence à abandonner ses études et à renoncer à son projet de vie... Mais il céda puisque, depuis l'instant où Monique l'avait abordé, tous ses réflexes d'obéissance s'étaient immédiatement remis en route. Il craignait toutefois que sa mère, justement, n'accepte pas l'idée du mariage et ne veuille même pas entendre parler de bébé.

En réalité, elle fut tellement heureuse de découvrir l'hétérosexualité de son fils qu'elle fit l'impasse sur le physique et le caractère difficiles de Monique, donnant tout de suite sa bénédiction à l'union.

Douze ans plus tard, Max vivait encore sous le joug de Monique et occupait toujours le poste de standardiste à la radio. Néanmoins, son emploi avec progressivement évolué vers celui d'homme à tout faire. Il rendait quotidiennement de nombreux petits services et était très apprécié du personnel. Il pouvait aussi bien aller chercher les sandwichs du déjeuner, réparer une fuite ou porter un colis, assurant ainsi un vrai lien dans l'entreprise. Tout le monde le tutoyait et le traitait d'égal à égal. Il incarnait le gentil garçon qui fait plaisir à tout le monde, mais cela se montrait insuffisant pour le combler pleinement.

Heureusement, durant toutes ces années, Max était parvenu à conserver un moment rien qu'à lui, où il s'épanouissait vraiment : chaque soir, il consacrait au moins une heure à sa passion, l'astronomie. Les étoiles constituaient en quelque sorte son jardin secret, auquel Monique n'avait pas accès – elle ne s'y intéressait d'ailleurs absolument pas. Il ne ratait jamais une émission ou un magazine sur le sujet. En économisant durant de longs mois, il s'était même offert un beau télescope.

Un matin, en arrivant au travail, il fut appelé par une assistante lui demandant d'apporter des cafés et des croissants en salle de rédaction. En arrivant avec son plateau chargé, il reconnut tout de suite Pierre Gilles, assis avec les autres journalistes. Max n'en revenait pas : le pape de l'astronomie était là, devant lui, en chair et en os ! La réunion portait sur le journal de treize heures où le célèbre astronome devait être interviewé pour commenter la découverte d'une nouvelle planète à la limite du système solaire.

Max servit le petit déjeuner sans perdre une bribe de la discussion. Il était aux anges. Quand il eut fini de remplir les tasses, il s'installa discrètement debout dans un coin pour écouter, espérant qu'il ne gênerait personne et qu'on ne le remarquerait pas.

Deux minutes plus tard, le rédacteur en chef l'interpella :

— Eh bien alors, Max ? Qu'est-ce qui vous arrive ? C'est très bien, nous avons nos cafés et croissants, merci beaucoup. Vous pouvez nous laisser maintenant, conclut-il, employant le même ton que s'il s'était adressé à un enfant de cinq ans.

Humilié, Max sortit rapidement, sans même songer à demander la permission de rester, trop impatient d'échapper à tous les regards polis qui le fixaient avec insistance. Une fois dans le couloir, il resta debout, immobile, se demandant ce qu'aurait été son existence si une fois, rien qu'une fois, il avait dit non à sa mère, s'il avait au moins essayé de s'opposer à Monique, s'il avait eu le courage de poursuivre ses études. Peut-être aurait-il siégé à la conférence de rédaction, lui aussi.

Une seule chose était sûre : il n'aurait jamais la réponse. Il était désormais bien trop tard pour changer de vie.

ÉPILOGUE

LE SYNDROME DE LA BLOUSE BLANCHE

Au cours du XXe siècle, les Américains ont cherché à améliorer leurs processus d'enquêtes judiciaires et de renseignements. Dans ce but, ils ont mis au point une machine censée détecter les mensonges. Concrètement, il s'agit d'un appareil électrique bourré de fils reliés à des capteurs qui se collent sur la peau des personnes interrogées. Sans doute pour maximiser l'efficacité de cet équipement, on place le suspect dans une pièce grise et froide, éclairée par une lumière blafarde. Un policier au visage fermé applique les électrodes sur le corps semi-dénudé de l'individu questionné, sans un mot d'explication. Il est vraisemblable que, dans ce contexte, n'importe quelle personne normalement constituée, qu'elle soit coupable ou innocente, se trouve déjà dans tous ses états.

Or le principe de cet engin est de mesurer le stress, car on considère qu'un individu qui ment est sujet à la panique, ce qui peut facilement se mesurer : des décharges d'adrénaline surviennent, la tension artérielle grimpe en flèche, le cœur s'accélère et la peau conduit plus vite l'électricité parce que couverte de sueur. Dès lors, une personne disant la vérité mais très émotive pourra donner l'impression physique de mentir. Si l'on pratique un nouveau test, elle paniquera encore plus et le second examen confirmera le premier, avec des conséquences potentiellement lourdes telles que des erreurs judiciaires...

Cela vous effraie ? Eh bien, sachez qu'en médecine, le syndrome dit de la blouse blanche repose sur le même modèle et engendre lui aussi des erreurs, médicales cette fois.

Imaginez que vous entriez dans un cabinet médical pour une visite de routine. Le médecin vous interroge, puis commence à vous examiner. S'il ne dit pas un mot, applique son stéthoscope glacé sur votre peau avec l'air grave, prend votre tension en fronçant les sourcils, il est probable que vous allez commencer à vous inquiéter et à guetter la moindre indication sur le visage du praticien. Votre tension risque de grimper et votre pouls s'accélérer au fur et à mesure que votre stress s'accroît.

C'est le début de la maladie la plus étrange que j'ai rencontrée. Beaucoup de personnes sont touchées, et subissent des traitements médicaux à vie pour rien : le syndrome de la blouse blanche peut en effet générer de nombreux faux diagnostics, comme l'hypertension artérielle ou la tachycardie. De fait, les médecins sont souvent attentifs à ces signes, car on sait par exemple que l'accélération du rythme cardiaque est un facteur diminuant l'espérance de vie. Le monde animal en fournit d'ailleurs l'illustration : l'oiseau-mouche, dont les battements cardiaques atteignent six cents coups par minute, ne vit que cinq mois, alors qu'une tortue, qui présente six pulsations par minute, vit en moyenne cent dix-sept ans !

S'il est donc crucial de bien diagnostiquer les troubles cardiaques, encore faut-il faire le tri entre les pathologies réelles et celles dues au stress lié au contexte médicalisé. Or de nombreux patients s'angoissent simplement à l'idée de voir un médecin. Une inquiétude qui occasionne déjà une augmentation de la pression artérielle. En contrôlant la tension, le médecin va donc indiquer que les chiffres s'avèrent trop élevés, à 16/9 par exemple. À cette annonce, le stress du patient augmente encore plus, l'imagination se met en marche et certains se voient déjà sur la table d'opération en attente d'une transplantation... Dix minutes plus tard la pression peut avoir grimpé à 18/10, ce qui confirme le diagnostic d'hypertension artérielle.

Pour compléter le tableau, le cœur bat sans doute trop rapidement et le médecin note un début de tachycardie.

Une semaine plus tard, un second rendez-vous est programmé. Cela laisse sept jours au patient pour gamberger, s'inquiéter, penser à tel ou tel membre de sa famille ayant été victime d'un accident vasculaire, etc. Dans ce contexte, il est vraisemblable que les nouveaux examens révéleront des chiffres encore plus élevés. C'est à ce moment précis que des traitements médicaux antihypertenseurs sont souvent prescrits à tort, alors que si le sujet achetait un appareil électronique pour mesurer sa tension chez lui au calme, il trouverait peut-être des chiffres tout à fait normaux. En pratique, des études ont estimé que 25 % des personnes présentant une hypertension artérielle chez le médecin étaient en fait victimes du syndrome de la blouse blanche : la vue du médecin les inquiète, elles stressent et cela fait grimper leur tension.

Au cours de ma carrière, j'ai rencontré beaucoup – trop même – de patients traités pour rien. Victimes de ce syndrome, des médicaments leur avaient été prescrits alors qu'ils étaient en bonne santé. Or il faut savoir que les traitements contre l'hypertension ou la tachycardie présentent parfois des effets secondaires, tels que la fatigue, une sensation permanente de bouche sèche ou encore l'impuissance...

J'ai longtemps essayé de dire aux personnes venues en consultation : « Détendez-vous, ne stressez pas, soyez plus relax », mais je me suis aperçu, au fil des années, de l'inefficacité totale de cette recommandation. Si on ne trouve pas les causes du stress, si on ne recherche pas en profondeur ce qui engendre cette angoisse, cela ne sert à rien.

Surtout, j'ai constaté que le syndrome de la blouse blanche, bien identifié en médecine, se retrouvait partout et tous les jours sous des masques différents. Il peut se cacher derrière le policier au carrefour, le patron, le maître d'école, parfois même un membre de l'entourage, tous capables de déclencher une anxiété faisant croire à des troubles médicaux et engendrant une sensation de mal-être.

Le moteur de tout cela, ce sont les petites hontes semblables à celles découvertes au long de ce livre, des petites hontes si fugaces qu'on ne les voit pas, alors qu'elles sont entretenues par l'analyse que nous faisons inconsciemment du regard et des attentes d'autrui. Ces petites hontes, c'est tout ce qu'on veut cacher aux autres, ce que l'on enfouit et qui nous fait du mal. Ce peut être aussi l'enfant enseveli en nous qui fait des signes désespérés pour se faire entendre.

Si, avec ce livre, j'ai pu contribuer à réduire le stress lié aux petites hontes, et montrer qu'elles nous atteignent tous et ne sont pas si graves, j'aurai alors fait œuvre utile.

Conclusion

Qu'elles soient inspirées d'anecdotes vécues par moi ou par d'autres, les histoires qui composent cet ouvrage ne représentent qu'une mince partie des innombrables petites hontes qui peuvent un jour nous frapper. Mais elles illustrent deux choses importantes.

D'abord, ces hontes nous concernent tous un jour ou l'autre, tout simplement parce qu'elles sont une part intégrante de la nature humaine. Instinctivement, nous nous comparons aux autres, nous recherchons ce qu'ils possèdent de plus ou de moins, nous évaluons inconsciemment leur capacité à se conformer aux modes, aux usages, aux conventions. Lorsqu'ils s'en écartent, il peut nous arriver de nous moquer d'eux. Et si nous nous en écartons, d'autres s'en moqueront, faisant ainsi naître la honte. Tantôt arroseur, tantôt arrosé, l'être humain perpétue ainsi ces petites gênes de générations en générations... si bien qu'elles ne risquent pas de disparaître.

Ensuite, cette pérennité des hontes traduit une réalité insoupçonnée : elles sont peut-être utiles, voire indispensables à notre équilibre. En effet, il existe un décalage naturel entre ce que l'on est en réalité et la façon dont on se souhaiterait. Si l'on vous demande par exemple combien vous mesurez, vous connaissez avec précision votre taille, mais vous allez peut-être y ajouter discrètement quelques centimètres... Ce constat se retrouve parfois dans d'autres domaines : s'inventer des responsabilités que l'on n'a pas, s'attribuer des succès dus à d'autres, décrire sa banale maison de campagne comme un véritable château...

Ces réflexes visant à nous valoriser provoquent à la longue un petit glissement de la réalité et nous éloignent de notre vérité personnelle. Souvent, les petites hontes interviennent alors comme des alarmes signalant que l'on s'écarte de sa vérité, que l'on franchit la ligne blanche et qu'il y a danger pour notre intégrité. Comme elles provoquent une sensation désagréable, on cherche instinctivement à les oublier le plus vite possible, puisant un réconfort immédiat dans une cigarette, quelques carrés de chocolat ou un pot de glace. Mais on ne s'en débarrasse pas aussi aisément : une fois effacées de la conscience, elles laissent perdurer un stress et un mal-être inexpliqués. Dans le cas du syndrome de la blouse blanche, elles peuvent même, nous l'avons vu, provoquer une angoisse susceptible de fausser les diagnostics médicaux.

Plutôt que de s'en détourner, il faut donc accepter les petites hontes, les regarder en face afin de les comprendre et de mieux les analyser. Elles sont nos minutes de vérité, des instants où l'on se retrouve nu, des fenêtres brièvement ouvertes sur l'inconscient. Elles nous aident à cerner le décalage entre ce que nous sommes vraiment et ce qui se passe dans notre vie, entre ce que nous voulons paraître et que nous ne sommes pas, les rôles que nous jouons pour faire plaisir, nos mensonges pour séduire. Elles mettent en lumière les limites qui nous évitent de passer du compromis à la compromission.

Oser affronter ses petites hontes et les comprendre, c'est progresser dans la connaissance de soi et l'épanouissement personnel. C'est, peut-être aussi, le début de la sagesse.

Table

Cet ouvrage a été imprimé par

CPI
Firmin Didot

Mesnil-sur-l'Estrée

pour le compte des Éditions Flammarion
en mars 2009

Mise en page
PCA
44400 Rezé

Imprimé en France

Dépôt légal : avril 2009
N° d'édition : L.01ELKN000187.N001 – N° d'impression : 94557